MEDGYESSY
PÉTER

Polgár
a Pályán

走在仕途上的公民
——匈牙利前总理迈杰希·彼得自述

〔匈〕迈杰希·彼得◎著　　杨永前◎译

人民出版社

◎ 在布达佩斯迎接胡锦涛主席（2004年6月）

◎ 与全国人大常委会委员长吴邦国会谈（2003年）

匈牙利前总理迈杰希·彼得自述

走在仕途上的公民

◎ 与温家宝总理在一起（2003年）

◎ 会见国务委员唐家璇（2005年）

◎ 与时任北京市市长王岐山会谈（2005年）

◎ 匈牙利制度变化后第一次访华，中国人民银行行长李贵鲜（右四）接待（1990年11月）

走在仕途上的公民

◎ 作为匈牙利总理第一次访华，在鲁迅博物馆与文化部部长孙家正一起为裴多菲塑像揭幕（2003年）

◎ 匈—中政府间混委会会议在北京举行（1989年）

◎ 在布达佩斯会见时任中国外交
　 部副部长戴秉国（2003年）

◎ 与外交部副
　 部长张业遂
　 举 行 会 谈
　 （2005年）

◎ 与香港特别
　 行 政 区 行
　 政 长 官 曾
　 荫权会谈
　 （2005年）

走在仕途上的公民

◎ 与中国人民出版社社长黄书元（左一）在一起（2008年）

◎ 在北京出席内蒙古中—匈合资鹅类养殖企业成立签字仪式（2005年5月）

◎ 在北京钓鱼台与"欧洲丝绸路"匈中双语杂志出刊人纳吉麟在一起（2003年）

◎ 作为总理访问中国时参观北京一个寺庙（2003年）

◎ 访华时与中国女记者（右三）在一起（2005年5月）

◎ 乘坐海南航空公司班机飞往海南（2005年）

匈牙利前总理迈杰希·彼得自述

走在仕途上的公民

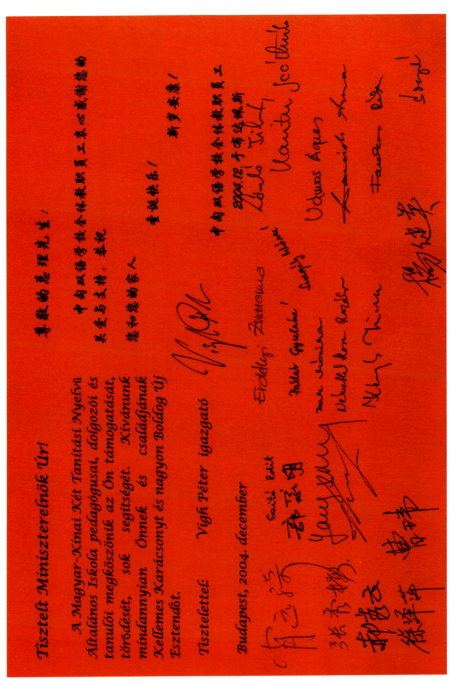

◎ 学生给迈总理的信

目　录

走在仕途上的公民

中 文 版 序

　　我的传记在中国出版,让我感到莫大的高兴和荣幸。这本书介绍的是匈牙利的政治变化、我个人的经历和一个匈牙利左派政治家的命运。

　　据我所知,在过去的几十年里,还没有匈牙利政治家的传记在中国出版。对匈牙利政治进程的理解也许会帮助中国人、中国读者和感兴趣的人——通过一个中欧小国的命运——了解一个地区从第二次世界大战起一直到今天的独特问题和奋斗史,从独特的少数民族问题开始一直到加入世界政治和世界经济组织的过程。

　　这本书在中国出版之所以让我感到高兴和荣幸,是因为今年,也就是2009年我们庆祝匈中两国建立外交关系60周年。60年前,匈牙利是最早承认中华人民共和国并与之建立外交关系的国家之一。两国建交如此之早归功于两国人民之间悠久的、长达数世纪的关系和友谊,甚至,按照一些历史学家的说法,两国之间的关系和友谊已有千年之久。在这里,请允许我讲一个亲身经历的故事,它非常吸引我。1990年访问中国时我去了西安。当然,如同所有对文化痴迷的人一样,我首先对兵马俑的奇观和历史感兴趣。然而,我的随行人员提醒我,西安的历史

1

博物馆值得一去,那里正举行一个与丝绸之路有关的非常有意思的展览。当西安的领导人知道我肩负推动匈中关系的义务和我与中国人民及其领导人的友谊之后,安排博物馆馆长全程陪同我参观展览。如同每一位参观者,我当然也被中国恢弘的历史、在历史中形成的高度文明和文化所吸引。但尤其让我感动的是,馆长旁征博引地讲述了匈中关系。他说,在公元5—8世纪的民族大迁徙中,匈牙利人是从亚洲出发的,他们与中国人民是亲缘关系,甚至有共同的文化史。馆长拿出一些研究材料,用许多事实证明这一假设。我不仅可以了解到研究成果,而且也感受到了一种建立在亲缘感情之上的人类的爱和友谊。在这里,我懂得了一个中国原则对中国的外交为何如此重要。中国历史上第一个皇帝的都城就在西安,2300年前的兵马俑就是为他而铸造的,他把若干个小王国变成了统一的中国。从那时以来,中国人以此为骄傲并保护国家领土完整;因而这不是中国外交的新论点,而是有上千年历史的中国外交的基石。

回到我们的外交关系上,这60年的历史当然有高峰也有低谷。然而今天可以看见的是,我们的关系处于高水平。我坚信,这些关系未来还将继续加强,不仅是政治家之间的良好关系,而且文化、商业和贸易关系也将为合作之树开花结果提供养分。

这本书出版的另一个现实意义是,中国改革开放正好30周年。改革开放主要与邓小平的名字和他的政策联系在一起,甚至——我坚信——也与他睿智的远见联系在一起。改革开放时期给我留下了美好的记忆,因为在那段时间,致力于改革的中国领导人、研究人员和政府机构与匈牙利之间的磋商变得频繁而紧密。30年前,我在财政部是一个还算年轻的副司长,负责与经济机制问题、改革问题和国际金融关系相关的工作。显然,在这个时期以及在我后来的生涯中,我与我的中国同行和朋友进行了无数次的磋商。我惊奇地注意到,中国代表团与我和我的同事的谈话涉及了所有的细节。他们想理解并知道所有的事情。来自远方的客人目光敏锐地提出了一些问题,这也促使我们去观察和理解这些问题。因为对旁观者给出非常简单而又切中要害的回答,比对那些自认为了解自己国家经济的人和经济政策的制定者更困难一些。正如人们所说:"距离太近,反倒看不见。"让我吃惊的是,接踵而来的中国代表团总是带着相同的问题而来。显然,这里面的一层意思是,他们要检查我们在回答那些问题时的一致性和严肃性,另一层意思是,他们真的想消化匈牙利体制的所有特点、正面的成果和弱点。在这些磋商中,我总是带着完全的开放和坦率谈论尚未解决的问题和困难,我的谈话以一句匈牙利俗语开始:"聪明人从别人的缺点中学习。"我们想给中国朋友一个机会:假如要选择相同的解决办法,请别犯与我们相同的错误。

大家都知道,在20世纪90年代和以后的时间里,我的中国朋友们每次都强调,他们从匈牙利的改革中学到了很多东西,使用了我们的许多解决方案,这显示了我的中国伙伴们的真诚。当然,我清楚地知道,一个人口如此众多的大国,它的历史背景完全不同,不可能照搬我们的解决方案,但中国人的观点认为,经验的了解对中国的改革事业起到了很大的推动作用,并对开放起到了间接的推动作用。

从小时候起,我就对亚洲尤其是对中国的历史和文明感兴趣。我兴奋地阅读了匈牙利学者写的关于中国的书籍,极大影响整个世界发展的中国文化让我震惊。我一直期待有朝一日能去中国,我也收到过无数的邀请函,但我的职位升迁太快反而使我一直到1987年也不能去北京。正如书中所写,1986年12月,相对年轻的我就当上了财政部长。时任总理请求我同时担任匈中政府间混委会的匈方主席。这样,1987年末我就成为访华高级代表团的一员。那时,两国已疏远了好几十年,关系也冷淡了。20世纪80年代后半期,邓小平的开放和改革政策——在正面的意义上——已经可以强烈地感受到,没有任何理由阻止两党之间最高级别关系的恢复和两国关系的发展。这样,在经历了数十年后,匈牙利党的头号人物1987年首次访问中国。由当时匈牙利的党的总书记卡达尔·亚诺什率领的代表团访问北京,我是其中的一

员。当时，中国政治结构的特点是，中国共产党的总书记不是邓小平，卡达尔·亚诺什正式的对应人物是时任总书记的赵紫阳。正是他接待了我们，他是匈牙利总书记主要的会谈对象之一。赵紫阳坦率地揭示了中国发展的特点、困难、人口的快速增长和与资源不协调的过快的经济增长。当然也谈到了世界政治问题。首次中国之行我最大的体验是与邓小平的会谈和他设的午宴。我记得，邓小平那时已经80多岁了，他个子不高，尽管他的个人命运非常艰难，但他的身上却散发出力量、能量、开放性和由衷的兴趣。让我惊讶的是，他与代表团成员握手时，没有炫示自己的力量，但他的握手却显示了他的热情。在谈到中国的现在和未来时，他使用的语言显示了他特别清澈的思维，每一句话都是言简意赅。这次会见之所以有意思，是因为卡达尔·亚诺什和邓小平很早就认识，20世纪50年代卡达尔率领匈牙利代表团参加了中国共产党的一次代表大会，邓小平一直是他的陪同人员，这样他们不仅只是认识，而且在一起度过了许多时光。几十年过后，仔细想想，这两位老人相聚是很有意思的，在许多问题上他们使用简短的句子，或者只是点到为止，甚至许多次他们无言相对，仅仅通过眼神交流就能互相理解。

从中国回来后，1987年底我被任命为副总理，但在晋升的同时我依然保留了匈中混委会主席的职位。这确保了我几乎每年都有机会去中国，使我能更好地了解中国人民和他们的思想及文化，也使得我能为匈中外交、经济和文化关系不断发展做出贡献。

过去的几十年表明，中国人对友谊非常看重。1989年至1990年，匈牙利发生了制度变化。我当时的想法是，从1990年起离开政坛，去经济领域工作。然而，有许多次生活使我返回政坛，但过去的22年我一直在经济、金融部门与政治之间来回走动。1990年，我曾深信我不会再返回政坛了。我成了一家匈牙利的法国银行的董事长，他们首先对匈牙利的私有化感兴趣。1990年底，令我非常吃惊的是，时任中国大使要求见我。忘记友谊不是我的习惯，我愉快地和大使先生约定了见面的时间。在必不可少的礼节性的寒暄之后，大使转入正题，将一份邀请函转交给我,这是中国人民外交学会会长发给我的,他希望我访问中国并与政治和经济界领导人见面。对于这份好意,我有点儿不理解。我回答说,这肯定是误会了,因为大使先生知道我已经不是政治领导层的成员,在这个意义上我在匈牙利的政治生活中已不是重要角色。我承认,大使先生的回答令我非常愉快。他说:"我们中国人不会忘记,我们从您以前的经历中知道,您是中国人民的伟大朋友。您为我们的关系做了很多事情。我们想继续保持这个友好关系,因此请求您访问我们国家。"当然啦,对于这样的邀请不可以说"不",因此 1990 年 11 月我可以第四次访问中国,且不担任任何政治职务。中国为发展和保持国际关系而建立的这个机制是这个伟大的世界文明古国独有的,我非常喜欢。我的中国之行从北京开始,在那里我应邀就中欧、匈牙利制度变化和匈牙利局势做了一个演讲。演讲完毕,学会会长把我送到大门口,他请求原谅,说他时间非常紧,几分钟之后就要接待美国前总统尼克松、一位致力于改善中美关系的人物。理查德·尼克松也以同样的方式访问中国,他也就世界和美国向感兴趣者做了演讲。后来,我应外交学会的邀请多次访问北京,不管我担任什么职务,我遇到的都是同样的热情好客。在 1990 年的这次访问中,中国人民银行行长接见了我,但我也会见了外交部的领导人和不同城市的政界人物。我对匈中友谊的义务变得更持久、更深刻,不会令人感到惊讶。

后来我的命运也与中国连接在一起,因为 1996 年社会党政府总理召我回去当财政部长,我得到的任务是担任匈中混委会匈方主席的职位并发展双边关系。再次看到这个辽阔、激动人心的国家,了解在这些年发生的巨大变化是愉快的事情。在第二次担任财政部长期间,我有机会第一次正式访问上海,与上海的领导人进行高级别的会谈,也看到了也许是世界上发展速度最快的城市。我去过香港,是在香港即将回归中国时去的,我看到了中国领导人处理回归问题的极大智慧和聪明。当时,许多人对香港在大中国的地位和作用持有疑虑。生活没有证明这些疑虑是对的,与西方政治分析家的期待相反,"一国两制"的原则

中文版序

运作得很好。后来我访问香港时，没有发现在国际货币基金组织和世界银行年会上感受到的那些恐惧，我的访问表明，中国人的传统智慧、耐心和几千年的思维和行为文化再次起到了帮助作用。

1990 年政治制度变化后，我的个人生活也步入新的轨道，因为我离异并有了新妻子。为了让她高兴，我以旅游者的身份带她去中国进行了一次漫长的、两个多星期的旅行。从此以后，我的妻子理解了中国对我的吸引力。我的妻子在这次旅行中学会了用筷子吃饭，这对一个欧洲人来说一点儿也不简单。我们同一个旅游团在一起，他们在中国传统的旋转圆桌旁吃饭时能很好地使用筷子。我的妻子几分钟内就学会了使用筷子，当我夸她时她只是笑着说："为了生存才学会的。桌子转得那么快，要是我手笨的话，我的伙伴们瞬间就把盘子打扫干净了。"

我唯一不能习惯的是中国的戏曲。也是在这次旅行中，我们去了广东，看了一次戏曲演出，但——我承认——一个半小时后，我就放弃了挣扎，惭愧地和妻子离开了演出现场。一个半小时，仅仅算是开了个头。对我而言，大概得生在中国才能理解和享受中国的戏曲。这已经超出了我的知识。后来，我做过多次尝试，我感到我似乎对中国的戏曲、演出的气氛、内涵和独特的音乐有了更多的理解。有意思的是，中国的音乐——这也证实了我们共同的起源——与匈牙利音乐一道从相同的根源汲取营养，因为五声音阶是古代匈牙利音乐和中国音乐的基础。广东一个大市场的滚滚人流和丰富的商品令人难忘，但同样令人难忘的是世界著名的上海马戏团的演出和上海历史博物馆令人惊叹的展览。我很高兴能够看到中国的这么多东西，但在每次旅行中越来越让我感到悲伤的是，我可以知道我对中国文化和文明还有多少东西不知道。

2001 年，我重新返回政坛，这已是 1990 年后的第二次。在书中，我对此有详细的讲述。在这里，简单说几句就足够了：社会党在国会选举之前找到我，让我接受总理提名。2002 年，我和我的社会党的朋友们一起赢得了选举，我以极大的热情和雄心开始实现自己的政治诺言，确定了一个新的政治路线。

我执政时的对外政策有三个主要方向。我有幸结束即完成入盟条件的谈判并在入盟条约上签字。谈判是很艰难的,我既保护了我们的民族利益,又让我的国家加入了欧盟的大家庭,我对这一成果感到自豪。搜寻我的记忆,我想起一件事来,我的一个伙伴想向我解释中国第一个皇帝的重要性。他说,假如秦始皇不统一中国,我们也会像欧洲那样一盘散沙、分裂、每个国家都代表不同的利益。他祝愿欧洲统一。这是对年轻的欧洲的古老的中国式的忠告。

第二个方向是处理并发展与周边国家的关系。在历史上,我们与罗马尼亚人和斯洛伐克人的冲突不少。在我担任总理期间,我成功地确定了一个好的和解政策并与之建立了好的关系。这是历史的和解,同时指出了长远合作、经济合作的方向。我对这些成果感到自豪,因为处于欧洲的心脏,除了思考长远合作,不能思考别的。

最后但并非最不重要的一点是,我起草了新的亚洲政策,它使我们更新与中国、印度、越南和其他重要的亚洲国家的关系成为可能。新的亚洲政策的确立,尽管得到人们的极大的理解,但也带来一些意外,因为每个人都在想,经过这么多年之后我们现在终于可以成为欧盟成员国,我们首先应该把注意力集中在与欧盟成员国加强和发展关系方面。而我的出发点却完全不同。

匈牙利贸易额的75%是与欧盟成员国进行的。我在想,不管我们对欧盟成员国地位是多么的自豪,但这意味着过度的依赖,因为欧盟内部的景气走势对匈牙利的形势和未来将起到决定性的作用。匈牙利的经济发展需要有拉动力的、快速发展的市场和活力。在欧盟内部12个新成员国意味着一些活力,但这些国家的分量在整个欧盟里面微不足道,即使这个分量得到提升,也是如此。今天,在亚洲和南美洲可以找到经济活力。我们在传统上和亚洲有良好的关系,需要唤醒这些关系。在多次中国之行中我注意到,中国是多么有意识地致力于长远发展,他们有什么样的长远计划,又如何始终不渝地实施他们的设想。有一次,

北京市长向我介绍了北京奥运会的筹备情况。我提出一个问题：那些离开农村来北京搞建设的百万工人怎么办？因为这些巨大的工作将随着奥运会的举办而结束。他微笑着走向保险柜，拿出北京未来 15 年具体而详细的发展规划。这就是他的回答。

那种认为中国只生产便宜货的观点早就已经不正确了，因为在便宜货的生产基地也已形成了值得注意的质量水平，中国把越来越多的注意力放在了培训、教育、科研和开发上。我去过上海的一个大学，吸引我的是，在美国学习的多数中国学生回国，并在大学的范围内创办小型科研开发公司，而且受到鼓励。国家为现代化知识的运用提供资金和基础设施。因此我的基本论点是，在保持和发展与欧盟关系的同时，在我们的亚洲政策中要加快发展与亚洲的关系，尤其是与中国的关系。

2003 年，我访问了中国，这是匈牙利总理时隔 44 年后再次访问中国。接待是诚挚、友好、面向未来的。在我与中国人数十年的交往中形成的知识和经验成熟了。我们去中国时带着一个设想，即匈牙利对中国而言应该成为一个地区中心，为此我们会尽一切努力，我们请求中国朋友也把这一想法作为自己的想法。不仅是我们的欧盟成员国地位能为中国商人和经济专家提供极好的机会，而且我们能提供起步优势。我们与中国的贸易额在中欧地区是最大的。我们与中国的贸易额超过了面积更大的波兰与中国的贸易额。中国真正的商业银行首先在匈牙利落户，中国银行以前只是个代表处，现在它已开展真正的银行业务。匈牙利生活着数量可观的华人，匈牙利居民友好地接纳了他们，尊重并喜欢他们。北京和布达佩斯之间有直航班机，由海南航空公司运营。旅游业正在发展之中，对此起到帮助作用的是，在我担任总理期间，中国把匈牙利列为旅游目的地国家。中国真正的高科技投资在匈牙利已经开始，而匈牙利在中国也开始投资。在中国，人们了解匈牙利文化，裴多菲的诗歌《自由、爱情》几乎每个中国的小学生都能背诵。匈牙利成立了欧洲首家中文学校，在第一阶段它有 8 个年级，希望以后会有12 个年级，这在其他国家还没有先例。

关于这个学校,我想多说几句。今天,匈牙利存在经济问题。我坚信,这是过渡性的,匈牙利很快就会重返平衡的经济增长轨道。大家都知道的事实是,匈牙利的人口没有在增长,这迟早会引发劳动力问题。暂时的劳动力补充的自然源泉是境外匈牙利族人来匈牙利工作,但这肯定是不够的。因此,当然要鼓励匈牙利内部的人口增长和大家庭的出现。我们应做长远考虑,从国外解决劳动力补充问题。当然,国家首先缺少的是有技能的劳动力。因而我们的切身利益是,来匈牙利定居的外国人要有高的文化水平,这不仅是指普通的文化和语言能力,而且也指专业上的劳动文化。我的出发点是,一个中文学校从长远看将帮助这个问题的解决。因为那些想让孩子在学习匈牙利语之外也学习中文的家长,一定代表了高智力和高要求。因此,作为总理我决定,由匈牙利国家来承担中匈双语学校的建设和维持费用。学校建成了,我今天依然感到自豪的是,我倡议并帮助了它的实现。我坚信,从长远看这将加强我们的关系和人与人之间的关系。现在,属于我最美好的瞬间依然是:访问这所学校,看到孩子们的知识在增长,和他们一起庆祝我们的节日,感受在普通人的关系中频繁出现的那份友谊。

我和我的教育部长一起鼓励中国的学生、大学生来匈牙利学习,也鼓励匈牙利学生在中国接受培训。我可以自豪地断言,今天匈牙利的高等教育培训,不管是使用匈牙利语,还是使用其他——主要是英语——外语的培训,都被认为是欧洲最好的教育体系之一。我的经验说明,人与人之间的友谊和关系,即使是在今天已简化为现代化、技术化的关系中,也显得特别重要。人们的相互了解、他们之间的关系和友谊能克服许多我们认为无法解决的问题。今天,我仍有许多朋友生活在中国,他们致力于发展匈中关系。我为我和国务委员戴秉国先生的友谊感到自豪。但再次见到访问匈牙利的中国领导人也是令人非常愉快的事情,从全国人大常委会委员长到全国政协主席,从全国政协主席再到许多其他的人,他们在访问匈牙利时从不会忘记和我坐下来进行一次友好的谈话。我相信,这在下一代政治家中也会继续下去。

在北京和在布达佩斯会晤胡锦涛主席和在北京会晤温家宝总理让我感到荣幸。

近些年来，世界流行"中国热"。今天，没有中国的世界经济新秩序是不可以想象的，在世界政治领域中国变为一个越来越重要的因素，这是一个不可以绕开的国家。尽管有人企图制造混乱，但北京奥运会的组织工作和举办获得巨大成功。上海世博会的筹办工作在大踏步地向前推进，它将是世界人民极好的聚会场所，也将是中国发展成就的高水平展示之地。

中国的和平外交政策和通过谈判和平解决争端的主张，在世界上越来越坚定了一个信念，即与中国的关系在升值。令我高兴的是，这个认识我不是在经济繁荣时期得出的，而是从 20 世纪 70 年代中期或 80 年代起我就断言，中国是世界上具有决定性的国家之一，在今后几十年里它会越来越变成这样的国家。

对匈牙利人来说，我们的出发点应该是，在与中国的关系上我们有传统，我们可以此为基础继续前进。这需要个人关系的培养和扩大、相互间更好地了解和对相互间的成果真心感兴趣。这句话是正确的，即使是在谈论一个特别大的和人口多的国家和一个较小国家的关系时也是如此。因为不管是在大国还是在小国，都同样可以对知识、劳动质量和人的感情进行比较，可以将其作为发展良好关系和友谊的基础而加以利用。

喏，这些就是我的想法，我把它们和这本书一起介绍给中国的读者。在序言中我只是想说，你们拿在手上的是一个致力于发展匈中关系的政治家的传记。本书及书中图片将帮助你们了解我在匈中关系领域所走过的路。我相信，我的书也将帮助中国读者了解匈牙利和中欧地区的生活。

迈杰希·彼得

2009 年 3 月

序　言

　　众所周知,2002 年我作为具有自由派思想的左派政治家赢得了选民的信任。自政治制度改变以来,不管是大选时期还是大选之后,我都是唯一一个尽管有思想上的义务,但却没有加入任何政党的重要人物。我是个无党派总理。

　　我这一辈子,不管怎样,总是走在仕途上。我是卡达尔时代晚期最受欢迎的政治家之一,而在民主时期,我是 2002 年国会选举残酷但却是客观的竞争的获胜者。不过,我依然是一介平民。我想,这也许是我成功的一个秘诀,但同时也是导致我失败的一个原因。

　　我早就知道,早晚要把过去 60 年发生在我身上的事情写出来。也许从历史的角度看来也很有吸引力的:一个在匈牙利战争年代出生的中产阶级的孩子,在 20 世纪 80 年代末怎样当上了财政部长和副总理,而在政治制度改变后又怎样当上了几家大银行的头号人物,最后在新时期又怎样当上了国家总理。

　　对于很多人来说,我的经历本身就很有意思。可我认为,更有吸引力的是,我在截然不同的社会制度下是怎样加入到政治第一线的。为什么当左派和自由党阵营在寻找一个沉着的、政治观点不极端的人时

总是找到我？我究竟为何总有点儿像局外人？

于是，我开始在脑海里整理我的经历，并为许多个为什么寻找答案，同时也免不了对我们周围世界过去几十年所发生的事件、积累的经验进行深入思考。我与同伴和朋友们就这些事情进行了频繁的讨论。与一些人交谈时，我们更愿意重提旧事，而与其他一些人交谈时，我们则就最近发生的事情交换意见。慢慢地，一系列不受约束的谈话记录产生了。在这里，我阐述了我对狭义的和广义的世界的看法。有时，我们的谈话不是按时间顺序进行的，有的想法也许在30页之后才有续语。当人们在一起谈论世事时，不是在做事先准备好的演讲，人们的思绪是跳跃的。最终，形成了一本用第二人称"你"写成的关于公共事务的"私书"。

我要感谢那些和我一起"收集材料"的伙伴们，也要感谢构成我生命组成部分的所有人，我还要感谢那些在这本书的写作过程中为我展开思路并向我提出许多问题的我的交谈伙伴们：费莱吉·陶马什、菲泽什·奥斯卡和古亚什·艾里卡。

本书要说的是，我是怎样看待过去的60年的。我不想给人以完全客观的表象。我就是这么走过来的，我们很多人都是这么走过来的，但也有许多人不是这样。有人会对此感到惊叹，因为对他来说，这些都是历史，是错综复杂的世界。对许多人来说，也许这是一扇具有独特视角的窗户，我最羡慕就是他们，他们还在书写着自己的人生，而他们的人生充满各种可能性！

祝年轻的朋友们鸿运高照！

迈杰希·彼得博士
2006年1月9日于布达佩斯

第一章

我 的 根

    一个埃尔代伊(埃尔代伊即今天罗马尼亚西北部的特兰西瓦尼亚,历史上曾是匈牙利领土。——译者注)的名门之后、克洛斯堡州副文书的儿子、加尔文教派牧师的亲戚,是如何成为布达佩斯居民的? 你从家族获得了什么?

    我获得了一切。从我曾祖父母算起,家族的价值观已经延续了一个半世纪,可以说它们是我生命的主线,我也始终努力地珍视它们。从我懂事时起,我的了不起的父母就用它们教育我,有时他们是有意识地一点一滴地向我灌输从祖辈留传下来的传统,而有时我则是从他们无数次的言传身教中无意识地汲取营养。

    我母亲的祖先是撒克逊人,父亲的祖辈则是塞凯伊人(匈牙利民族人的一个分支,生活在埃尔代伊东南部。——译者注),我的姨夫是罗马尼亚人。这种直接在一起生活的方式使每个人都学会了包容。因此,在与周边国家对话时,我就可以非常坦诚地谈论相互接纳和包容的重要性,因为这种复杂的种族关系已经根植在了我的基因之中。

    我的外公是一位学者,见过大世面:他曾在荷兰学习,准备做加尔文教派牧师,他在莱顿也取得了医学文凭。他在学生时代就写日记,这

些日记对我来说是非常重要的纪念物,我珍藏着它们,时至今日我还时常翻阅,因为这是吸引人的读物:从中可以了解欧洲名牌大学教育欧洲大陆年轻的知识分子的方式。今天,各大学间又开始提倡"交换听课",当一些人对匈牙利高等教育体系改革的必要性大声表示反对时,他们根本就没有想到,改革的原因之一就是为了让今天的匈牙利学生也能像 150 多年前他们的前辈那样有机会到国外去学习。

外公学成回国后,只工作了很短一段时间就去世了,那时他还非常年轻,留下了外婆和两个年幼的女儿,当时我母亲只有两岁。守寡的外婆先是去纳吉塞班(今天罗马尼亚的锡比乌。——译者注)寻求接济,但后来发现在更大的城市克卢日堡(今天罗马尼亚的克卢日—纳波卡。——译者注)生活更有保障,这样我的母亲也就在那里的福尔考什街读完了中学。

在我家,一直很注重尊重过去。今天我依然相信,先辈留给我们的东西决定着我们的命运。从我父母的言谈中可以看出,他们的父母不曾有足够的时间和精力按传统的方式教育他们,但他们父母在家里的言谈都是活生生的范例,这些经验塑造了他们的个性和世界观,他们又将其传授给了我,并成就了我的青年时代。

关于这个家族里每一代人都在传承的价值观有多重要,我在谈话一开始要举一个典型的例子。我要讲的不是童年往事,那过于简单!我 50 岁生日那天——遗憾的是,我亲爱的母亲没有活到这一天——父亲送给我一个让我惊叹不已的礼物:一本 68 页的小册子,它记录着 1844 年出生的迈杰希·米克洛什的一生。扉页上装饰着迈杰希家族的徽记,这本手写的小册子记载着高祖父的生活故事,一直写到 1879 年。之所以没有写完,是因为讲述这个故事的曾祖父还没有讲完就去世了。我父亲的生命也快走到了尽头,他认为有必要把承载家族传统和价值观的物品交给我这个他唯一的儿子。这本简单的自传告诉了我什么呢?它讲述的是忠诚、爱国和保持匈牙利民族性的重要性,最重要的是:一个明智的人不能只思考现在,在时间和空间上也要往远处看。

既要看清过去,也要展望未来。

谈到忠诚和爱国,我们立即会联想到 1848 年的自由斗争。在两者之间划等号不是太简单了吗?

或许是这样,但我认为,在这个国家能够珍视自己先人言行的家庭并不多。可在我家这却是非常重要的一件事,父亲为我准备的这本读物可以称得上是文学作品。他要我把这些传统继承下去。现在,我们停顿片刻来读一读这个故事也许并非没有意义!

"迈杰希·米哈伊先生坐在外面的门廊里,享受着 3 月和煦的阳光。的确,他不只是因为心情好才坐在那里的:是在他年轻的妻子身边忙碌的女巫医把他请出房子的,一部分原因是他的烟斗喷出的难闻气味对妻子有害,还有一部分原因是这时候根本不需要男人待在房子里了。于是他就坐在了有木头柱子的门廊里,吸着他那杆老烟斗,烟斗里的烟丝是在花园的尽头种植的,晒得很干,还加了香味。他在想:这是多么的奇怪啊!他,一个老男人,科乔沃伊·博尔巴洛的丈夫,一个即将 42 岁的人,他的儿子马上就要出生了。当他还在乔姆博尔德教区任职的时候,他是不想成家的,担心会因此留在这个泥泞的小地方。果真如此的话,他的远大梦想和远大志向又该这么办呢?一年又一年过去了,40 岁的时候,他还在乔姆博尔德。只不过,他的志向和梦想都变小了而已。这时候,成家已经没什么意义了。

假如校长在临终前不恳求他,他是不会迈出这一步的。校长说:'米哈伊,别离开这个孤儿!'校长温柔又美丽的 18 岁女儿就这样走进了乔姆博尔德的牧师住宅。她似乎就是迈杰希·米哈伊的仙女。婚后不久,艾涅德(罗马尼亚的阿尤德。——译者注)教务评议会选举他当副牧师,这样他们就得以搬到城里居住。现在,他就在维兹克兹街老房子的门廊里紧张地等消息,即将出世的孩子究竟会不会是男孩?过去的两年里,他是多么想得到一个男

第一章 我的根

孩啊！

老房子和花园保护得不错，有兄弟姐妹们照料，他们也在精心耕作着从祖上继承下来的土地。米哈伊在乔姆博尔德没有为家里做出经济上的贡献，他想：假如他这个牧师的曾孙不是沿着祖先的足迹往前走，不是把生命奉献在布道和为上帝服务上，而是花费在经商和榨取钱财上，那么，他的祖先，大公的牧师助理，是不会正眼看他的。

夕阳西下，女巫医抱着面色红红的小婴儿出现了，她自豪地大喊："男孩子，尊贵的先生！"他走进最里面的屋子，妻子正躺在那里，美滋滋地说："男孩子，就叫他米克洛什吧！"他走近床边，俯身亲吻妻子发亮的额头，只说了句："谢谢你，博尔巴洛。"然后，就像来时一样，静静地返回门廊，眺望西下的太阳。

尚未开始的，究竟要不要继续下去？在第一个梦想实现后，其他的由我来实现，这可能吗？要用人们听得懂的方式去教育人，去传教，不只是让人们去想，而是让他们去做好事。不要让痛苦和贫穷成为司空见惯的事情，而是要让所有匈牙利人在这个国家都一样。这是迈杰希·米哈伊在1844年3月的一个夜晚思考的事情。除他之外，在喀尔巴阡盆地还有千千万万的人也在这样想。在大平原，在多瑙河以西地区和所有其他地区，凡是塞切尼（塞切尼·伊什特万伯爵，生于1791年，死于1860年，是匈牙利历史上伟大的政治家、作家。——译者注）和科舒特（科舒特·洛约什，生于1802年，死于1894年，是匈牙利1948—1849年革命和自由斗争的领导人。——译者注）的声音传到的地方，人们都在这样想。

在每个地方，生活都在沸腾，尤其是在有教师和学生的地方，人们在这里首次品尝到了自由的甜蜜滋味。与德布勒森、保陶克、帕波一样，艾涅德也不断涌现出爱国团体。除学校的教师和学生外，迈杰希·米哈伊也承担了一部分这些团体的工作。他几乎不在家里待着，但却为自己的儿子感到非常自豪。他判断他的信徒好不好，主要是看他们是否在全神贯注地倾听小米克洛什最初的咿呀学语和他在鸡窝旁边的冒险故事。孩子还不满 3 岁，他就想叫人给他做匈牙利民族服装。鉴于当时所处的混乱年代，这倒是可以理解的。那时候有太多的运动和太多的煽动性演说，但也有许多美好的事物。有许多高兴得红彤彤的脸庞、炽热的眼睛、清晰的有创造性的思想。在一件事情上所有人的想法都是一致的，即暴政、专制和动荡的日子就要过去了。

不只是学校的教师和学生，整个城市的人，包括妇人们和姑娘们都在穿匈牙利民族服装。谁要是还总按照德国人的习惯穿衣服，他肯定要受别人蔑视。1848 年初，博尔巴洛让她的丈夫大吃一惊，她又怀孕了。在这个艰难的时期生孩子，谁知道是不是好事呢？带着这样的怀疑，她的丈夫责骂了她。加尔文教牧师的妻子现在只能等待好日子的到来。然而，3 月 15 日（1848 年 3 月 15 日，匈牙利爆发革命和自由斗争。——译者注）令人兴奋的消息也没能消除博尔巴洛的焦虑。她是对的：孩子还没有出生，坏消息就已经蔓延开来——埃尔代伊的罗马尼亚族人起义了，他们杀人、抢劫、放火。

这时，在科舒特的号召下，学校全体师生都武装了起来，但这个消息也把这个城市的每一个人动员了起来。迈杰希先生也换上了国防军的服装。人们想让他做军营中的牧师，但遭到他的坚决反对。他说，他现在想要保护的不是教会和人们的心灵，而是处于危难之中的祖国和自由。现在他在家的时间不多，但他把在家度过的时间全部给了儿子。一连好几个小时，他都在给还不懂事的小男孩儿解释祖国和自由的概念，他引用裴多菲和科舒特的话讲述两者不可分离的原因。他似乎预感到了这是他把这些神圣的思想灌输进孩子大脑和心田的最后机会，他必须抓紧时间。

当部队离开艾涅德的时候，时任国防军中尉的迈杰希·米哈伊向家人告别。在维佐克瑙冲突之后，也还给家人捎口信，那时他

第一章 我的根

已经是上尉了。后来好长时间他的妻子没有听到他的音讯。在维拉格什(今罗马尼亚的希里亚,1849年8月13日匈牙利将军格尔盖伊·奥尔图率3万多名士兵在这里向沙皇军队缴械投降。——译者注)缴械之后,大概是9月底的一天,她得到关于他的最后消息。他躲到了什么地方?命运如何?没有一个人知道。此后,再也没有人听到过关于他的音讯。

迈杰希·博尔巴洛和她的两个孩子开始了流亡人士的家属过的那种艰辛的生活。助理牧师的收入没有了,牧师的土地也落到了别人手中。只有在乔姆博尔德属于博尔巴洛自己的几公顷土地和她丈夫在艾涅德的房产留了下来,其他的地产则被起义者没收。住在艾涅德,很难去乔姆博尔德耕作土地,再加上被土地的租种者欺骗,于是她干脆将其卖掉,用那笔钱在鄂尔山的山坡上买了一小块葡萄园。孤苦伶仃的她肩负着抚养两个孩子的重任,咬紧牙关日复一日地劳作,夜晚还要拿出精力照料他们。

米克洛什已经是个小大人了:他6岁了,对任何事情都敏感,对任何事情都感兴趣,尤其是对他的父亲。博尔巴洛一遍又一遍地给他讲述自由斗争。由于痛苦、希望的破灭、丈夫的失踪、生计的艰难,假如在每天晚上的讲述中流露出对奥地利的仇恨,这能让人感到惊奇吗?这样,她就把一种对他的一生都发挥决定作用的无法动摇的情绪植入米克洛什的心田:只要奥地利统治的概念还存在,迈杰希·米克洛什就要反抗和斗争,而这种情绪直到在普鲁士打败奥地利后才消失……

1859年,也许是巴赫时期(指匈牙利1849—1859年与奥地利内政部长亚历山大·巴赫的名字相关联的专制和德意志化的历史时期。——译者注)最痛苦的一年,米克洛什——我们承认——非常艰难地读完了中学四年级,博尔巴洛有了一个想法:假如让他去见见世面,对这个有头脑的、封闭的、奇怪的男孩子会有好处。她的面前摆着两种可能性:一是让他去代什(今罗马尼亚的代日。——译者注)他舅舅那里，他舅舅也是加尔文教牧师，而代什之所以对博尔巴洛有吸引力，是因为它离家只有140—150公里；二是让他去哈罗姆西克州的吉耶，这个地方远了许多，但沿途经过托尔道、鲁道什、毛罗什瓦沙海伊、乌德瓦海伊，路远了点，但孩子可以看得更多一点，体验得更多一点。再说，哈罗姆西克的亲戚多莫克什和佐尔坦两家人还没有见过这个孩子。哈罗姆西克是代什的三倍远，博尔巴洛尽管心里舍不得，但还是决定让米克洛什夏天去哈罗姆西克的亲戚家。克卢日堡和代什以后有的是机会去。现在要考虑的只是旅行的方式问题，但机会也是现成的：总是有从博多克、艾鲁帕多克、马瑙什来的塞凯伊人的拉碳酸矿泉水的车子，这些车子是空着回去的。车上有足够的空间容纳米克洛什和他的行李，况且塞凯伊人也会乐意，因为这样在路上就有人和他聊天了。那个年代，车夫尊重并且喜欢艾涅德的学生们。

事情就这样发生了：6月初的一天，这位值得人尊敬的妇人和一个叫山陶·安布鲁斯的拉碳酸矿泉水的塞凯伊人——他让他的马在市场的广场上歇息——把事情谈妥，付给他两福林让他把儿子带到塞普希圣捷尔吉。启程的日子是三天后。博尔巴洛赶紧准备所有用得着的东西：三件换洗的衬衫，一双备用的靴子，一条手绢，几条毛巾(目的是不用别人的毛巾)，她还说服他带一件短大衣：在路上夜晚可能很冷，在山里可能会下雨或冰雹。她开始洗衣、熨衣、做吃的，想把一切东西都及时准备妥当。第三天早晨，米克洛什手提捆绑好的小箱子，兜里揣着五福林零钱离开家门，朝大市场的方向走去。母亲和妹妹在门口向他挥手告别。这对母子从此再也没有相见，这是他们谁也没有料到的，而卡罗丽娜也只是在25年后才见到哥哥。"

喏，从我父亲给的那本小书中摘录出的这个片段足以说明，我的先辈们是些什么样的人，而我的基因从父亲的家族中都继承了什么。这

个家族后来先是搬到久洛白堡(今罗马尼亚的阿尔巴尤利亚。——译者注)和纳吉艾涅德(又叫艾涅德,今罗马尼亚的阿尤德。——译者注),最后到了克卢日堡。

在你所有的自传中,你都提及你父母是从克卢日堡来到布达佩斯的,而且你父母家族的根都在埃尔代伊。你认为提到这一点很重要。但你是在布达佩斯出生的,为何要不断地强调这一点呢?

几个世纪以来,克卢日堡一直是宽容和文化的中心——这一点是永远不允许被忘记的。对我们家族来说,宽容和文化可以算是基本的价值观。即使在今天,这个城市的传统依然可以为普通人和政治家提供范例。谈到不久前这里的民族分裂问题,人们应该回忆起,自匈牙利人在喀尔巴阡盆地定居以来,匈牙利人和撒克逊人就在这里和平地生活在一起,马加什国王(马加什 1458—1490 年期间为匈牙利国王,他被认为是匈牙利最伟大的国王之一。——译者注)就出生在克卢日堡,这里的人们依据他确立的制度在这个城市轮流执政。

宗教改革时期的 1569 年,在一神论派(又称一位论派、神体一位论、唯一神论、独神论、一位论、独神主义,此派别强调上帝只有一位,并不如传统基督教相信上帝由圣父、圣子、圣灵组成。——编者注)被接受后,克卢日堡成了匈牙利贵族和知识分子的中心,但占人口多数的匈牙利族人和留在那里的撒克逊人以及来到这里的罗马尼亚族人依然和谐地生活在一起。

孩提时代,我靠家里的照片了解这座城市,我亲爱的母亲经常讲述在那里度过的日子。父亲获得法律文凭,大学毕业后在克卢日堡州政府工作。在那里他认识了我的母亲。我母亲也是在那里怀上了我,但我却是在布达佩斯出生的。这期间,北埃尔代伊被重新划归匈牙利。我的父亲——除匈牙利语外,还能流利地讲罗马尼亚语、德语和法语——作为一名熟悉公共事业领域的年轻律师,于 1942 年被调往布达佩斯的一个部,即政府委员会。这期间,战争波及匈牙利,我们不得不留在这里。重新开始是十分艰难的,因为他们怀着对新家的憧憬,把克卢日堡的家产全部装进了一节火车车厢,并乘火车一起向新生活的方向驶去。只是,当我的父母满怀期待和恐惧抵达布达佩斯时,他们以前生活的必需品在战乱中全部丢失了。从车厢里连一只勺子也没找出来,而他们就那样站立在首都的土地上,只有随身行李箱和在母亲肚子里拳打脚踢的男孩子与他们做伴。能帮助他们的人都远在数百公里之外。在布达佩斯,他们只能靠自己。当然,在20世纪四五十年代,他们谈了许多关于过去和他们的祖先的事情。父亲和母亲清楚地知道,在家族的道德和精神遗产中,什么东西是值得留存和传承下去的。当然,这些东西也不能算作遗产,因为——你们也看到了——今天它们依然还在。

影响你童年的决定性因素到底是什么?你的日常生活是如何度过的?你认为,在你父母命运的发展过程中,是家族源自埃尔代伊这一因素,还是市民出身这一因素起了更大的作用?

父母给我灌输的最重要的忠告之一,就是:"你要为你是埃尔代伊人感到骄傲!"从一开始他们就教育我,那里是匈牙利文化的一个摇篮,新的、先进的、许多革命的思想也诞生于埃尔代伊。我小时候,母亲给我唱塞凯伊、婵戈(生活在罗马尼亚的匈牙利民族的一个分支。——译者注)罗马尼亚民歌,经常讲述拜特伦·加博尔(17世纪匈牙利历史最重要的人物之一,1613—1629年为埃尔代伊大公,其中1620—1621年任匈牙利国王。——译者注)、巴托里·伊什特万(1571—1586年为埃尔代伊大公。——译者注)和博奇考伊·伊什特万(1605—1606年为埃尔代伊大公。——译者注)的事迹。当他们这样教育我的时候,他们认为把一件事情告诉我也很重要:在对待生活在那里的其他民族的问题上,匈牙利族人的举止行为不总是很得体。我马上可以把他们对待其他民族的态度拿来做比较,因为我父亲最好的朋友是一个罗马尼亚的犹太人,名叫阿乌埃尔·任奇,我母亲的姐夫是罗马尼亚人,他说的匈牙利语无可挑剔。在这样的家庭里,只有接受不同的事物才能一起生活,我将这种人生态度随同母亲的乳汁一起吸吮

进了我的体内。在将埃尔代伊匈牙利人的自豪感传递给我的同时,他们总是告诫我:不要只是想着唯一的一种文化。还有一件事情应该知道,埃尔代伊的匈牙利族人在匈牙利生活是不容易的,而且我认为即使在今天也是如此。少数民族的生存总是处于困境,因此埃尔代伊人的思维方式从根本上有别于生活在母国的人。这源于在埃尔代伊总是要为他们自己和他们的传统的生存作斗争。到匈牙利后,放弃这个"他们随时准备斗争的本能"是很难做到的,这是自然的事情。

说到这里,我要补充一句:我自己在家里是没有看到上述这种情形的。也许是因为,我的父母当时在作着其他类型的斗争。他们都是很有修养的人,我的母亲具备极大的宽容心和妥协的意愿。我父亲的文化、阅历和语言能力也是战后联合政府所需要的,1947年他被任命担任驻布加勒斯特商务参赞。一开始,一切进展顺利,他可以和可爱的、知识渊博的、有文化的同事一起共事,他享受工作的乐趣。

但从1950年起阶级斗争开始尖锐化,第一个信号就是将驻布加勒斯特大使换成了一位可靠的同志。我的父亲没有怀疑新大使是一位正派的人,但当我母亲问他的工作情况时,父亲偶尔会气愤地说出自己的看法。当看到新大使在精美古典的办公桌上——推开公文——在报纸上悠闲地切腊肉吃时,他感到惊愕。当母亲询问此人对外交是否了解并且是否是绅士时,父亲只是简短地说:你是知道的,亲爱的,这个人完全是一个绅士——那又怎么样?!

后来——这已经是我自己在脑海中拼凑起来的情况了——父亲的疑虑越来越多:难道我们需要这个在旧制度下取得文凭和博士学位的人呆在如此重要的位置上吗?我们要懂那么多语言的公务员干什么?假如下级比上级更有文化,这对我们是否是好事? 结果是:我的父亲——幸运的是——"仅仅"是遭到了外贸部的解雇。

1952年初,我的父亲突然成为失业者。他懂四种语言,拥有法学博士学位,有丰富的行政和外交经验,但这一切都是当时的制度所不需要的。他做了多种尝试,但没有地方敢聘用他。最后,他突然想到:社会上需要俄语教师！我的父亲——他利用自己掌握的四种活语言和两种已死亡的语言（希腊语和拉丁语）所造就出的文化修养——在半年内就学会了俄语，然后开始教授它。生存的本能在起作用。对于处境的变化带来的种种困难，如果不是觉察到父亲的上班时间和工作地点发生了变化，10多岁的我是没有太多感受的。我的父亲不是革命者。也许，我应该感到羞耻，但我也从未当过革命者。作为传统的公民，他知道有义务抚养自己的孩子，养活自己的妻子，但作为一种无声的抗议，他决定不放弃家族的公民传统。比如，我记得很清楚，在20世纪50年代的大饥荒时期，每年除夕父亲都要穿上他那套有年头的礼服，母亲也要穿上晚礼服，俩人一起碰杯，祝愿新的一年更好。

生存的能力、强烈的适应意愿是每一个少数民族的特点：必须要学会生存！我父亲也承认，我们是不会被消灭的，我们会以某种方式存活下去。中产阶级的背景造就的文化和宽容在这里与少数民族的适应能力相遇，所有这些共同帮助他们度过了最艰难的岁月。

2002年，我去凯宾斯基酒店参加罗马尼亚的国庆招待会。在那里，为了表达合作的意愿，我与罗马尼亚总理亚德里安·讷斯塔塞一起碰杯。当时，右派政党以此来攻击我，在我的阵营中也有好多人认为这个姿态有些夸张。他们没有意识到——出于我家族的根的缘故——正应该由我来迈出这一步，因为别人谁也不可能说出这样的话：不互相接受对方的历史，不跨越相互之间的伤害，我们就不能帮助那些今天仍然生活在罗马尼亚领土上并在那里试图保护自己民族特性的匈牙利族人过上幸福的生活。

到目前为止，你一直在谈文化和宽容以及对少数民族的尊重。在你的家族中，还有其他重要的价值观吗？

伴随这些的首先是极大的开放性。对不同的文化持开放态度，这首先意味着我们要相互尊重对方的语言、观念和习俗。在埃尔代伊，多姿多彩和多元文化是知识分子的自然生存环境，我的父母身上就携带着它们并继续传给了我。另一方面，我对开放性也有自己的理解：一个

人要接受成功,忍受失败,承受外部的强迫。因此,回归宽容是值得的!我不能强调,有我家族特征的接受与理解伴随了我的青年时代。比如,他们从未对我的信念和信仰施加过影响,但时至今日,我依然感谢我的母亲和父亲,因为他们教会我区分信仰、宗教和教会的概念。

他们之所以能做到这一点,是因为我的父亲是一个笃信宗教的人。中学时,他上的是久洛白堡的教会学校,他从不允许自己遗忘这些记忆。他不仅成了信徒,而且是一个笃信宗教并上教堂的人。

我的母亲是一位加尔文教派牧师和医生的二女儿,她信上帝但却不上教堂。况且,她对佛教的了解至少和对宗教改革的了解一样多。

尽管有这样的背景,但我的父母却没有期望我信教,这不仅是因为在拉科西(生于1892年,死于1971年,曾担任匈牙利共产党和匈牙利劳动人民党总书记,1952—1953年任总理。——译者注)时代禁止上教堂。不过,他们要求我了解世界上的宗教,尤其是圣经,包括旧约和新约,因为这是人类文化最重要的基础之一。我母亲说:"我的儿子,我们是信教的人,但你是怎样看这个世界的,你信什么不信什么,如何建立自己的信念,得靠你自己决定了。"

就这样,在对世界宗教的研究过程中,在我的内心形成了一种深刻的信念,即没有信仰就无法生活。可以相信某种上帝,可以相信自然和人类,但没有信仰的人就等同于没有指南针的人。需要有道德标准,需要在一起生活的规则,需要道德上的坚守,需要原则。宗教是次要的。而教会经常与其信仰和宗教不相称。

我受的是天主教的洗礼,但却从未上过宗教课。在家里,我们交谈的很多,其中最重要的话题总是与道德有关:为什么不允许偷窃?什么才能算真正的成就?关于这些道德方面的事情,我母亲通常总是有非常坚定的观点,而我父亲则是通过多方面考虑后才得出结论。他是个乐于沉思的人。唯独在谈到对上帝的信仰时,他们的角色会才会发生互换。假如我问他们是否有上帝存在,我父亲会非常坚定地、诚心诚意地说是,而我母亲却总要思考一番,最后轻声地回答道:"我不知道。"

交谈的结果是,在我的心里形成了一个非常坚定的价值观,但我却从未变成宗教徒,主要是没有变成上教堂的教徒。

在我的家里,团结互助也是同样重要的价值观。当然,这个词也是后来人们才这么叫的,我也这么叫。对我来说,即使在今天这个词也不属于政治范畴,而主要是关于人的,也就是说是个体的、小团体的和社会的概念,它是一种发自内心的,但也是从外界组织起来的、清醒的提供帮助的意愿。这一概念可以、也应该成为政治范畴,并有相应的纲领,但时至今日任何一个政治力量也没有意识到做这方面的工作具有重要的意义。在以后的篇章中我们还要谈到,我当财政部长和总理时也曾试图往这个方向走,但我承认,我的意愿既多又好,而在短短的两年半时间里变为现实的却很有限。

团结互助就在我们的生活之中,正如我们从家庭里继承了什么样的文化价值观一样。我敢肯定,作为儿童我在 20 世纪 50 年代体验到的贫穷不知不觉地影响了我后来的政治观点,也许甚至对我为何在任何时候都把自己界定为具有左派和自由派思想的人也产生了影响。

前面提到 1952 年我父亲突然被外贸部解雇。在随后的几个月里,我们的餐桌上经常只有米饭,再加点调料。那时候,我经常在想,为什么会是这样?我的父母都是大知识分子啊!这期间,我只能把抹上猪油的面包当作零食带到学校,而坏学生和懒孩子却带来了夹着萨拉米香肠的三明治,我感到不公平。吃晚饭时我多次提到这件事,我的父母总是回答道:"你要继续勤奋学习,要相信你会过上好日子的!"基于对家族的认识,我只是后来才意识到,假如他们开始就给我偏激的回答,那的确是非常符合逻辑的,可他们没有这么做。他们让我来得出结论。

你的父母谈政治吗?

在那个时期,人们同他们"谈政治",与同其他人谈政治一样。我记得很清楚,他们一点也不放弃上文中提到的那些基本价值观,他们将其视为唯一正常和自然的道德体系的基础——"外界"的情况越糟,他们越这么认为。比如,1956 年大多数有思想的知识分子都因各种不公

第一章 我的根

正而心生不满。我父母的想法与他们也没有什么不同,在革命刚开始的时候他们的情绪非常激昂。与此同时,红衣主教明僧蒂有关收回天主教会被剥夺的土地的讲话使我母亲感到非常紧张。我母亲认为,不可能回到过去,这不会取得任何进步。我父亲携带着情绪易于激动的匈牙利小贵族的基因,我母亲担心他过深地卷入任何政治运动。后来,他远离了每日政治,其后果是从来没有人为他恢复名誉,他也不可能再返回外贸部或外交领域。

我必须说,我的父母不是革命者,但却一直是清醒的思考者。这表现在,在我童年的时候我们在家里很少谈每天的政治问题。后来我突然想到,他们之所以不谈政治,就是不想让我在从他们那里了解到的"内心"世界与日常的国内政治事件所描绘出的"外界"现实之间产生冲突。他们想保护我,同时给予我非常强烈的内心自由,因为这一点我总是仰望我的父母。

我没有清晰的政治范畴,其根源就在这里。在新匈牙利我的位置究竟在哪里?当我寻找答案的时候,我采用左派和自由派的价值观来确定自己的位置。当然,这不总是有利的立场,因为——在最近这些年公共舆论也可以看到——对社会党人来说,正因为这一点我显得过于自由,而对自由民主联盟的人来说,我却太像个共产党员。至于右翼政党那就更不用说了。

其实,诸如诚实和正直这样的基本价值观,对我来说总是比某一个政治团体接受或者不接受我显得更为重要。我坚持认为,不可以承认别的原则并按照别的原则去生活。我承认左派和自由派的价值观,并按照我认为的体现其特征的原则而生活。

那么你为什么当政治家呢?

你真是个愤世嫉俗的人!我又得谈到我的家庭了。我清楚地看到,这样生活是值得的,而时间也验证了这种思维方式是对的。我讲一个例子,几个月前我去了纽约,有人邀请我吃晚饭,起先我不知道这个人是谁,也不知道他为什么邀请我晚饭。后来才搞明白,他的父亲曾是一位富有的布加勒斯特的犹太人,大约在 1948—1949 年,我的父亲依靠自己的外交背景帮助他逃离罗马尼亚。当时,他和他的家庭陷入了绝望,是我父亲替他搞到了证件,他拿着这些证件才得以离开这个国家。我父亲也帮他把钱带了出去,而且没有收"关税"！这个人在美国开始了新生活,甚至变成了成功的商人。现在,他的儿子——在数十年后——依然认为就我父亲所做的事情向我道谢很重要。其实,我当时也不明白他在谢什么。他说,他要感谢仁爱、助人为乐和正直。我认为,这些是重要的品德,因为靠这些东西才能把世界向前推进,或者至少可以持续不断地将其塑造成正常的世界。我想,让人们接受这些价值观是我踏上政治家之路最重要的目的之一。

今天,有许多经济学家说,2002 年选举胜利后宣布并实施百日纲领是一个错误。时至今日我依然认为,出于多种原因必须那么做。首先因为它要解决的是真正的不公正问题,比如家庭、孩子、老人,也就是人的问题。但我不否认,我想恢复人们对政治的尊重和人们的信仰。我想让人们相信:政治家遵守其承诺的竞选运动是存在的。这对我来说是基本的标准！

生活比这更复杂一点,我也必须去亲身体验,这当然是另外一回事了。假如在 2002 年的竞选运动中我们没有许诺那么多,人们有可能不选社会党。假如一个政治力量许诺得太多,而又没有遵守承诺,它就会变得不诚实。喏,我通过实现两个百日纲领避开了不诚实问题,但不可否认,这使经济形势恶化。命运开了个玩笑,纲领刚公布的时候,许多表现得还非常热情的社会党人和自由党人背离了我们当初的原则和政策,而我却坚持了这些原则和政策。

假如我说,别人因为这个原因而发表的批评没有伤害我的感情,那是撒谎。但真实情况是,这些批评没有深刻地触动我。我认为,只有了解一个政治家的整个人生,才能对他做出评价。相隔一定的距离去观察,相对于一定的政治瞬间而言,价值判断是不一样的。此外,像最近在一家大的购物中心发生的那件事,我每天都碰到。当时,我的墨镜的

螺丝掉了,我去修理,一位年长的女士来到我身边,对我说别生气,因为她让我停了下来,她只是想感谢我把工资提高了百分之五,因为这对她而言来的正是时候。她是一名教师,不久就要退休,现在提高工资使她的晚年更有保障,所以她非常感激。我记得,我没有回答什么,我们只是相互紧紧地握手。但当时我心中的一个信念增强了,就是我 2002 年的决定是正确的,因为我不仅信守了诺言,而且我们也朝着社会公正的方向迈出了坚实的一步。

我们别讲得太快了!根据你讲述的你自己和你的家庭,你变成了左派一点也不合逻辑。你来自中产阶级和保守派家庭,你站在右派的一边谈政治倒是更加合理和正常啊!

中产阶级和保守派?也许是。但我却认为我刚才谈的开放性和团结互助是属于自由派或左派的价值观。首先我认为:把这些范畴缩小也是不正确的。我想,不应该、也不允许把基本的价值观按政治阵营来瓜分。当了总理后,我对在谈政治时采用陷害、分化和排斥的手段采取抵制态度,而从所有的权力和选举角度而言却要求这么做。至于哪一个政党的什么样的政府能够更好地实现其建立在价值观基础之上的政治行动,或者至少试图去实现它,那则是另外一码事了。

我换一个角度来提问题。你有这样的家庭背景,如来自埃尔代伊、公民楷模、中产阶级的传统和文化,那么在党国的权力机构中,在与前面讲的价值观截然相反的专制体制里,你又是如何成为共产党的官员的呢?

对于这个问题,现在我也思考了许多。我时不时提出问题:我曾是幸福的年轻人,我应为此而感到内疚吗?我的美丽的爱情和雄心壮志是什么样的?我是怎样学习的?成绩又如何?我是如何想在事业上获得成功的?我的孩子们是如何出生的?我也曾试图培养他们获得幸福。我是如何对生活感到满意的,例如每年能去一次巴拉顿湖并给孩子们买烤欧鳊鱼吃?请允许我讲一个小故事。所有这一切都发生在 20 世纪 70 年代中期巴拉顿湖畔的索包迪肖什托。我们全家人去吃烤鱼,我和妻子吃欧鳊鱼,我们给孩子买了当时更贵的梭鲈鱼吃。儿子问我:"爸爸,你为什么不吃梭鲈鱼?"我嘟囔着说我不喜欢,而他却说:"你吃梭鲈鱼吧!吃了你就会变得聪明又公正!"我的聪明来源于母亲总是督促我们这些孩子吃鱼,因为鱼的磷含量高。我的公正则大概来源于我太严厉了。这个年轻人的想法是,香喷喷的鱼不仅会使我的思维变敏锐,而且磷也对我的正义感有好处。他认为,我有必要吃鱼。

一次次地去奥地利旅游或去看塔特拉山的美景,是否能让我感到快乐呢?或者我应该成为一个尖酸、悲伤、易怒而又微不足道的人?

20世纪50年代我还是个孩子,六七十年代我是青年人,这是不能改变的事实。那时,我充满活力,想实现自己的抱负,想工作,想做出成就。也许我并不想颠覆我周围的世界,但我一定想去改造它,把它变得更好,变得更适合人的生存。这种想法既是为了我的家人,也了为我自己、我的朋友和其他的人。我想过完整的生活——当然是指在给定的界限内尽可能完整的生活,对此我没有负罪感。没有人对一个事实有争议,即当时的制度充满愚蠢,也经常充满罪恶。我当时也已经看到了一部分,但当然今天我的眼光更敏锐一些。事实上,我们绝大多数人都是如此。至多只是在近些年有越来越多的人认为,他们当时已经准确地察觉到并看清了一切,他们表示反对。可在当时只有非常少的人对制度的荒谬发表了看法,而敢于采取行动的人就更少了。

我感到十分自豪的是:我逐渐认识到这个制度不可能继续生存下去。最主要的是我认识到了这一点。我承认甚至感到高兴的是,从1985年起我为制度的变化做了一些事情,我也是和平的、成功的制度改变的参与者,而且是积极的参与者。我感到骄傲的是:在党国最后的几年,我是一名主要的专业政治家,后又从政治家变成了一名成功的银行家和私营企业家,再后来——在十分激烈的竞争中——成为一名国会选举的获胜者。

我清楚地知道——在这本书的帮助下,我希望读者明白,我是多么地感激我的父母,感激我的家庭。我担负了为变革所要作出的斗争。

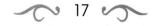

我认为,我能成为后来的我,得归功于我自己。

已经很清楚的是,我的父母并不是在理想的条件下遵守、保持并向我传递他们的价值观的。他们总是教导我,永远不要放弃这些价值观。回首往事,我想我做到了这一点,正如他们一样。

听起来不错,但这对国家而言又有什么好处呢?因为政治家的目标应该就是左右国家的命运,塑造人们的未来。

很重要的一点是,谁信任人们,谁就是信任自由。这也是今天的政治家们应该认真领会的一点。在我的解读中,它的意思是:没有帮助,没有各种独裁统治的各种"帮助",甚至强迫,人们都有能力解决自己的问题,只要让他们去工作,只要给他们机会。我认为,欧洲在未来的几十年——大约是到2050年——将会成为一个这样的地方:对所有生活在这里的人而言,它将是自由的、团结的,同时它将创造机会。这不是口号,而是的确可变为现实的价值观。在这个重新恢复生机的世界里,我在担任国家政治领导人的同时,也在寻找我们自己的位置。与我父母和祖父母采取的形式不同,但我却继续追随那些价值观,过去和现在都在这个世界上寻找我们的位置。如我所愿,我也把这个观点传递给了我的孩子们。

除此之外,我认为,假如一个人学会适应他周围不断变化的环境,那么我们就真的可能会成功,我的一生就是这方面最好的例证之一。不管是对个人,还是对国家而言,道理都是如此。这一点我们以后还会谈到,有一件事值得一提:1990年我必须在一个真正竞争的环境里站起来,开始全新的生活,因为政治上对我的保护消失了,我发现自己站在了市场经济的大潮之中。这段时期是我一生中最大的挑战,但我没有逃避。我敢断言,如同在旧的制度里一样,在新的制度里我坚守住了自己的位置。也许,2001年接受总理提名之时,我心里的想法是:政治家也应该在真正的竞争环境中打拼,因为20世纪80年代我在专业领域的发展如日中天,被挑选出来做领导人是理所当然的事情,但却没有参与过真正的政治较量。2002年,我有一个真正的竞争对手,他就是欧尔班·维克托,我要战胜他!问题是,我有一个非常坏的性格,关于这一点我到现在也很少谈及:在追求某件东西的时候,我只对竞争和挑战感兴趣。假如已经到手了,我就不再兴奋了。心理学家一定能在我的性格里预见到后来的事态发展,但在我做竞选运动的时候,在与社会党人一起赢得国会选举的时候,我是没有想到这一点的。

政治,或者说政治家的目的不是权力吗?准确地说,不是公共权力吗?

如果是那样,也许的确是那样,那么我就不是真正的政治家了。对于我,政治权力真的是一种工具,我不会说它仅仅是工具,因为我不轻视它。当然,它是获得成功的重要工具,对个人、集体和国家而言均是如此。我就是这样当政治家的,如果你接受的话,我就是这样的政治家,也许是因为存留在我心中那份荣誉感,对我来说比那个有必要进行嘲讽的权力更重要。

假如指引一个政治家的信念只是他比别人更能解决问题,那么这是不够的。当然没有这个信念也不行。为了一个更好的世界,制定恰当的、有远见的目标,拿出并尝试与之相协调的手段——因此当政治家是值得的。其他所有的理由都是没有意义的、自私的和卑劣的。在行使权力的过程中总是要回归到民主、竞争和团结互助上来。抱歉,我说了这么多题外话,也许显得有些夸夸其谈,但至少是发自内心的。

第一章 我的根

第二章

在财政部的升迁

　　我们的确讲得太快了,但别忘了我们要谈的问题是什么:一个具有中产阶级家庭背景的人怎样从起初的金融专家变成级别越来越高的国家官员,然后又变成改革者和改变制度的政治家?

　　与许多人相反,我不会说我从小时候起就准备当经济专家,绝对不是。我上的是裴多菲中学,当时这所学校颇有名气,坐落在战场路。一段时间后,历史成了我最喜爱的一门课。最重要的原因是——习惯上也是如此——我非常尊崇教授这门课的老师。他不仅讲述历史事件和年份,并就它们进行提问,而且他想教会我们历史的观察方法和思维方法,并引导我们去认识历史事件之间的内在联系。这种一点儿也不机械的思维方式对我来说——我当时是十六七岁的年轻人——无疑是严峻的智力挑战。我必须付出努力,才能跟上他的思路,才能洞察历史进程的实质,我的确享受这个过程。我认识到,假如我要彻底了解这些进程和它们之间的联系,假如我想搞懂其经济上的动因,我就应该上经济大学。

　　上了大学后,对于毕业后做什么我还没有任何打算。时过境迁,应该说,上经济大学时我正赶上了好时光。我是 20 世纪 60 年代初上的

大学,国内的经济科学正处于变化之中。1964—1966 年,在学经济的大学生中,来自莫斯科的社会主义政治经济学的改良已经失败,在对经济政策的思维方式中已经开始为后来的改革做准备。当时还不能准确地知道,代替以前经济政策的将是什么。甚至连我们的老师也看不清楚,最终的结果将是什么,但这时有一种倾向开始表露出来,即应该保留社会主义的价值体系,同时应该逐渐把经济改造成市场经济。

变化在悄无声息中进行,受其影响,我所学的已经不是正统的经济学理论。另外,我的教授们都非常优秀,如纳吉·陶马什,他同鲁道什·拉斯洛一起首次将卡尔·马克思的《资本论》翻译成了匈牙利语。这之所以有意思,是因为他靠这一成就——作为有义务为共产党进行辩论的理论专家——能够不断地接触世界上发表的最新经济文章。在学完基础课程后,我开始学习真正的经济学,这时纳吉教授已是在秘密状态下缓慢酝酿的 1968 年经济改革的精神之父之一。资本主义的政治经济学也是由非常优秀的教师授课的,如埃尔德什·蒂博尔和拜尔托蒂·拉斯洛。金融课程则由豪盖毛耶尔·伊什特万授课。

在改革的准备过程中,这些年他们的思想已经到了那样的阶段,即在匈牙利经济中应该给予某些市场成分独立性。举个例子,他们说出了价格的重要性有多大。教材的基础当然还是原封不动的计划经济,但从讲课中我已经领会到了真谛,即计划与计划经济不是一码事。我们学过,在经济发达的国家也进行着有意识的计划,甚至每年的预算也真的与年度计划相符。我们也了解到,真正成功的大企业的运作有非常准确而详细的计划。在这些讲座和研讨课上,也提到了在发达国家时不时会出现确保数年发展前景的意愿。从荷兰或法国到日本,在部分非洲国家和从土耳其到印度的部分亚洲国家有三年、五年或更长远的国民经济发展计划。

不是所有金融方面的教师都是如此开放的思想者,但总体而言,我们比历届的毕业生学到了更现代的思维和理论知识。同时,我一直对理论感兴趣,而对实践经济学不是很感兴趣。这样,到了大学毕业的时候,我就想留在世界经济系。但在最后时刻系里却没有搞到进人指标,眼看我无处可去了。幸运的是,我和我的几个老师关系很好,多数人都喜欢我,在我遇到困难时,他们会帮助我。比如,金融系的多布罗维奇·伊万和世界经济系的希毛伊·米哈伊就认为我有发展前途,他们不愿意看到一个他们认为有才华的年轻人默默无闻地在一个平凡的岗位上工作。多布罗维奇与时任财政部预算与经济司司长的福卢韦吉·拉约什交情不错,于是就问他的司里是否需要一个助手,福卢韦吉显然不想驳他的面子,这样我就被"请"进了财政部。

我拜访了福卢韦吉,他说:"好吧,我要你了,但你要先去匈牙利国家银行待几个月,积累一点实践经验。"我认为,他的如意算盘是,让我待在银行里,然后很快会忘掉财政部。他没有想到,我不是健忘的人!再说,几个月后就很清楚了,我在银行里没有太多事情要做。

我进入了经济司,司长是阿奇·拉约什,1956年前他曾是匈牙利劳动人民党中央委员会的秘书,后来他觉察到自己受了排挤。我进入了一个氛围不错的社交圈子,我们谈得很投机,一起哈哈大笑。然而,说真的,这里一点儿也不需要我的工作。对于一个刚毕业的有正常思维的20岁出头的年轻人来说,新单位第一个月还算有趣,第二个月就开始让人坐立不安,第三个月就让人要发火。于是,我去找福卢韦吉,我粗暴地违反了交际规则,对他说:"您看,我一点儿也不是非要在财政部或国家银行工作。我准备好了去别的地方。假如不需要我的话,你们就直说,但别把我变成在办公室里闲坐的失业者!"当然,我有点害怕得到这样的回答:"那你就走人吧!"但我已经顾不了那么多了,我想工作。好在我得到的不是这个回答。福卢韦吉也许喜欢上了我的态度和直率的风格,因为他立即提议我参加到当时正在进行的研究通货膨胀本质的大学教科书的材料收集工作中去。甚至他还请我执笔其中的一章。我终于有了一份自己喜欢做的工作!

我翻阅了我能找到的所有文献,包括一些西方的专著,我把许多在我们这里可以采用的思想写进了我的那一小章之中。结果,我写的章

节没有获得当时经济权威的认可。我写道,在社会主义制度下出现通货膨胀不是不可能的,假如其原因存在,其影响迟早会显现出来。当时,官方的设想是,与资本主义制度相反,在社会主义制度下不可能有真正的通货膨胀,而在资本主义腐朽世界里,通货膨胀是完全破产的组成部分。其他人不喜欢我写的这个材料,但福卢韦吉相当喜欢,而且真的带我去了部里的经济司。当然,只是后来才变明朗,我不是简单地闯入了实践经济学问题的研究之中,这一步决定了我后来的人生。

说真的,此后我在财政部所走的道路是枯燥的、单调的。我走完了官阶的每一个台阶,唯一不寻常之处就是我的升迁太快了。我做过职员、高级职员、科长、处长、副局长、局长、副部长,最后当了部长。我只是"省略"了国务秘书这个台阶。

我的生涯的这一阶段是由福卢韦吉·拉约什决定的。不管是他做预算司司长时,还是后来做部长时——他对我及与我相似的几个刚开始工作的专家——都不断进行鼓励。我们许多人都是在他的手下成长起来的。从他的角度来讲,在这件事情上也有相当成分的实践上的考虑。他已经在思考经济改革的问题了,在这方面他很容易获得那些刚毕业的经济专业的学生的支持,他们在大学就听说过新的经济思潮,对于其他思想更开放一些。那些已经在财政部度过一二十年并习惯了一种观点的人,很难让他们接受改革思想。对于我们来说,关键的一点是我们得到了机会。我可以和一个非常有准备的集体一起工作,这本身也会促使我不要变成思想封闭、眼界狭窄的公务员。

在财政部的头两年,我在经济处度过。在财政部内部,这里正是经济改革的心脏跳动的地方。这期间,我有机会了解走在前列的捷克和波兰的经济学家的分析文章,如波兰的米哈尔·卡莱茨基和捷克的奥塔·希克等人的著作。我不知道,有多少人还记得他们,但在捷克斯洛伐克,那时候已经在开展一些工作,如计划建设金融市场,并重新开设股票交易所。而在我们这里,即使是像涅尔什·雷热(匈牙利1968年经济体制改革的倡导者之一,被称为匈牙利"改革之父"。——译者

注)那样视野宽阔的人以及他的同事也不可能有这种设想。

后来在 1968 年成功地启动了经济改革,从改革的准备阶段起,这不仅在改革方案真正的起草者中,也在他们身边的工作人员中营造了愉快的气氛。当时,我们中没有一个人能预见到,这个改革——在实施的瞬间——就已经被判了死刑,原因有二。失败的专业上的原因根植于谁也没敢提出一个基本的问题:所有权怎么办? 那时,思考这样的问题也属于禁忌:没有真正的所有者,就没有真正运转的市场经济。这个错误——我可以大胆地说——并非是由国内经济学家的"无知"造成的。苏联领导层向社会主义阵营所有成员国规定的僵硬的界限起了主要作用,甚至按照已经完全僵硬的意识形态教条进行思考的东德民主共和国的影响也是一种阻碍力量。

另一方面,匈牙利改革的死刑判决诞生之时,正是 1968 年 8 月华约军队开进捷克斯洛伐克之时。每个人都明白,这一行动一方面显示了苏联领导人和政策的忍耐极限,另一方面通过清算杜布切克的改革,我国在经济改革的进程中失去了一个最重要的伙伴。

捷克斯洛伐克的变化其实在许多方面都超出了匈牙利人的认识。与我们不同的是,我们国家只是作出了经济方面的决定,而他们则从政治层面出发,走得比匈牙利的改革要远一些。他们认识到,市场是一个完整的体系,只建立商品市场是不够的,还要建立与之配套的劳动力市场,甚至于还要有货币市场和资本市场。

在匈牙利,这些认识在改革中是没有得到认可的,因而匈牙利的改革是更加谨慎的、试探性的,不敢去逾越雷池。在匈牙利知识分子的小圈子里,有过这样的意图:我们开始的经济改革,应为拓宽改革内容奠定基础,也就是说,这种改革迟早要迫使我们迈出引起政治变革的步伐,而这是建立更有效的、更有生机的社会所必需的。但在布拉格这些政治意图被证实是一堵墙,撞上了就会头破血流。事情只能到此为止!从这里不能再往前走了,因为这是当时苏联的政策所不能容忍的。这样,随着 1968 年苏联的入侵,匈牙利的改革实际上也化为了泡影。

第二章　在财政部的升迁

在捷克遭到入侵后,政治上的重组对干部政策带来的变化是,把不适合的人挑选出来当干部。这造成捷克斯洛伐克的社会和经济出现令人难以置信的大滑坡,而在匈牙利这种情况从未发生。在我们这里,经济改革尽管失败了,但变化却开始了,这些变化至少留在了人们的思想里,并且生根发芽。

另外,在经济方面,我国的情况与苏联阵营的其他成员国区别很大。我们没有发达的工业,但却拥有几种对苏联至关重要的产品。这些年,供应具有战略上的意义。苏联固然有自然条件良好的耕地,但却生产不出居民所需的食品。我们有几种农产品,并用它们换来了苏联的能源和原材料。这对 20 世纪 70 年代匈牙利经济站稳脚跟发挥了重要作用。

经济改革受挫后,你在部里是如何继续工作的?那些最初参与起草改革方案的人在哪方面做着进一步的思考?而你又担当了什么样的角色?

我们自然把改革的停止视为失败,但我们有一个信念却没有改变,即我们通过小的措施也照样可以取得想要的结果。顺便说一句,我认为人在任何时候都要勇于承担责任,包括他的错误。我之所以这么说,是因为一直到 20 世纪 80 年代中期以前我都持一种想法,即在大部分经济不进入私人手中的情况下,社会主义计划经济的矛盾也是可以解决的。我认为:慢慢取消补助、逐渐实现自由价格的可能性是存在的,汇率可以运作起来,利息可以发挥重要作用,应该让政治领导人接受:一些经济上的紧张因素会伴随着通货膨胀,也就是说,某些市场的成分会起作用,因此这个体制是完全可以一直推进到市场经济的。

真正的认识到 20 世纪 80 年代中期才成熟,那时我已经看清楚了:只要匈牙利不实行私有化,就不会有市场经济。事后再来看这件事,很容易得出这种认识太慢了的结论,但在当时只有很少的经济学者能准确地看清改革的局限性。另外,一段时间之后,我有机会直接使政治领导人感受到我们在经济上受到的限制及其危险性。

回顾一下1968年之后的情况:首先,我被任命为价格司的一个科长。福卢韦吉让我去那里,是为了让我更新观念。接下来的几个月是艰难的,因为我与司长在很多问题上观点都不一致。这期间,福卢韦吉当上了部长,我大大地松了一口气。我敲开了他办公室的门,对他说:"要么你给我一个机会,让我避开这个司,要么我离开财政部,因为我对这种斗争没有兴趣。"这样,他就我把调到了国际司,我开始了一生中在专业上最令人兴奋的时期之一。1973—1974年,我们开始寻找机会,如何能把外国资本吸引到匈牙利经济中来,如何对想来这里的外国资本敞开大门。几个合资企业成立了,但不是生产方面的,主要是不同的服务领域的,它们不是独资企业,而是51%的股份属于国家,外国投资者最多可得到49%的股份,目的是让外资把知识和先进的技术带进来。因为我们得到的知识越先进,就越能为经济的继续发展奠定基础。我们同担任布达佩斯市长长达15年之久的戴姆斯基·加博尔的母亲基拉伊·伊伦一道起草了第一个合资企业章程。

政治领导人对这些努力自然是感到不悦的,因为他很清楚地知道,西方资本的进入同时也意味着某种新观念会在这个国家出现。20世纪90年代初,许多人在问:在政治制度变革时期,匈牙利经济为什么能比其他的原社会主义国家更快地适应市场经济的要求?匈牙利人为什么更能理解变革的意义?我想,这其中的根源应该就在这里。

大家都知道,你在世界上的人际关系很广,当了总理后,不仅同欧洲的领导人,而且也很快同其他洲的政治家找到了共同语言。你的这个能力也是在这个时期培养出来的吗?

这是肯定的,除了遗传来的外交天赋之外,我在国际交往中的定位也的确是从这里开始起步的。从1973年起,在福卢韦吉·拉约什当财政部长期间,许多年轻的工作人员——包括科洛里克·伊什特万、卢卡奇·约热夫、我和其他人——拿着奖学金去丹麦、比利时和英国呆过几个月。此外,我们还参加了外国的研讨会和会议。有一个国际性的国家财政研究所,福卢韦吉·拉约什和国家计划局时任副局长高多·奥

托曾当选该研究所董事会董事,后者还曾担任过该董事会主席。

这是一个重要的国际机构,由 40 多个国家的研究人员、学者、国家机构的领导人和工作人员组成,每年在不同的地方举行会议。我就是在这里认识特奥多尔·斯托洛然的,他后来当了罗马尼亚的财政部长和总理。在这些会议上,库保·米哈伊和我曾做过演讲。因此,我们有机会获得国际知识并建立关系,这些关系后来被证实是非常有用的。我只提一个例子:20 世纪 80 年代,国家寻找新的外国资金来源变得重要起来,在寻找的过程中发现,70 年代建立起来的关系是非常能派上用场的。简单地说:我们同诸如世界银行和国际货币基金组织那样的机构建立起了关系。

以财政部工作人员的身份在这样的会议上做演讲并与国际金融机构的工作人员建立友好关系是一码事,代表国家与这些机构建立正式关系则是另一码事。你是否洞察到政府也开始向这个方向靠拢?

许多人都知道,20 世纪 70 年代曾经有过一次尝试,我们想同国际货币基金组织举行正式会谈。政治局通过的一份决议则认为,关于这一问题应该同苏联领导人进行磋商。与此同时,与国际货币基金组织的非正式对话也开始进行,外贸部副部长涅尔盖什·亚诺什和国家银行时任副行长费凯泰·亚诺什组织了这次对话。后来,福克·耶诺总理去了莫斯科,与苏联总理坐下来会谈,他告诉对方,下周我们将开始与国际货币基金组织进行谈判。话还没有说完,阿列克塞·克西金就非常粗暴地打断他的话:"不行,我们不赞成,这意味着完全冒犯社会主义的国际主义原则,你们不能和他们举行任何会谈!"克西金简单地认为这次会谈就此结束,想从谈判桌旁站起来。他肯定洞察到了,匈牙利人加入国际货币基金组织会立即引起根本性的变化,包括社会和政治措施。

今天已经没有人记得这件事了,但我们的福克·耶诺总理是一个非常强硬的人。与克西金的风格相同,他也给出了非常强硬的回答。他毫不含糊地说,匈牙利是主权国家,它将决定做什么和不做什么。他的坚定表现产生了后果。回国几个月后,他就被免职了,因为卡达尔·亚诺什不愿与苏联领导人对抗。表面上看,这场争论是关于福克本人的,但实际上说明了苏联领导人对匈牙利的决策有多么大的影响。这就是第一次尝试与国际货币基金组织谈判的结果。

然而,我知道不应该完全放弃这些计划。对国内政治机制有点儿了解的人都知道,卡达尔通常会避免公开冲突,在处理与苏联人的关系问题上尤其如此。然而,他却很会默许人们走绕行路线,准确地说,他对这些做法会假装没看见。他会习惯性地采取眨眼示意的方式,而不是口头上表示通过,因为许多时候他什么也没有说。靠这个方法他也同时挽救了自己的政治生命,从形式上他给自己留出了余地,在万一失败的情况下他可以提出批评。

这期间——由于封闭、世界市场价格急剧上涨和效率的缺乏——匈牙利在国际贸易中损失巨大,经济的生产能力越来越恶化。1980—1981年,已出现了灾难性的经济状况。应该与国际货币基金组织开始谈判的呼声又起。国家领导人也已从前面的失败中吸取了教训:在卡达尔的授意下,毛尔姚伊·约热夫副部长与国际货币基金组织开始了秘密谈判。

这是非常秘密的谈判,就连积极参与准备工作的人也不了解细节。我们许多人在不同的工作小组准备材料和分析报告,但对于别的小组的工作却毫不知情。有一串有威望的人参与准备工作:后来当了国家银行行长的鲍尔陶·费伦茨、国家银行副行长费凯泰·亚诺什、后来的工业部长霍尔瓦特·费伦茨、迈杰希·彼得、绍尔考伊·伊什特万和鲍科·埃戴。我们分别准备的材料只有毛尔姚伊·约热夫能拼合在一起。

我们相当害怕苏联人再次干预——事情败露的话,每个人都要被解雇,匈牙利的经济领导人则是要掉脑袋的,毛尔姚伊·约热夫以非常神奇的方式策划并组织了谈判。一点儿也没有走漏风声,因为这一举动对西方而言,至少也像对我们那样重要。因此,在那边每个人也是守

口如瓶。我们所有人都知道,协议关乎我们的生死,但也间接地对西方具有重要意义,因为他们在东方阵营内部将取得突破,或者准确地说,他们将侵入东方阵营。

许多年后,将近过了十年我才知道,为什么我们当时只能在一些指定的地点谈我们的工作。在这些地点没有安装窃听装置。我当时不知道,但毛尔姚伊却知道,每一名匈牙利反间谍人员与一名他的苏联同事分配在一起,许多情况下他们在一个办公室工作。多数苏联谍报人员的匈牙利语说得都很好,他们自然会把听到的所有信息立即向莫斯科汇报。这样一来,勃列日涅夫常常比卡达尔·亚诺什或匈牙利的决策、执行机关更快地从苏联谍报人员的报告中获得消息。

因此,毛尔姚伊·约热夫在谈判的准备工作中承担了巨大的风险。一切进展顺利,没有人走漏风声,只是在最后时刻,当匈牙利代表团已经启程签署协议时,才通知苏联人达成协议的事实以及匈牙利当天下午即将签署协议。这个消息使苏联人极为震惊,但这时他们做什么都晚了。尤其令他们吃惊的是,这只是简单的事实通报,而不是像上一次那样请求协商。

与这些谈判相关的是你的政治生涯中最令人震惊的一段经历,鉴于你在当时所承担的角色,在当选总理后立即遭到了公开的攻击。在D—209 事件(D—209 是迈杰希做国家安全局特工时的编号,2002 年《匈牙利民族报》披露了此事。——译者注)的开始阶段,就连联合执政伙伴也威胁要退出政府,后来——可以说——你巩固住了自己的地位,并从攻击中走了出来。事过之后,你作何评价:帮助匈牙利反间谍机构是正确的决定吗? 在 2002 年的竞选运动中你对曾经参与情报工作的经历只字不提,或者说,今天你会用不同的方式来做这件事吗?

我不知道,匈牙利国家安全局的工作人员当时是否以同样的请求找到每个人,他们请求我无论如何要就国家真正的经济状况作出分析和评价。我对此不感到惊奇,因为这样的机构的工作人员不懂经济政策问题是合理的,比如他们不知道怎样把收支平衡表中体现真实经济状况的数据放在一起看,更不知道怎样分析它们之间的内在联系。由于我经常给他们做这样的分析报告,我想,为了我的祖国完成这个任务也是非常光荣的。当然,所有这些对于那些没有生活在那个年代的人来说不一定能理解。但是,在20世纪70年代还根本没有行之有效的方法,让国内的政治精英,甚至让苏联或美国领导人准确了解一个社会主义国家的真实经济状况。国内的政治家们害怕真实的数据产生的社会影响,不是所有的数据都能通过政治机关的审查。之所以要对这些数据进行秘密处理,是因为在当时的世界政治关系中,假如人们了解了某国的一切,该国就可能受到伤害。在我们准备与国际货币基金组织谈判的过程中,确保形势评估材料不落入苏联和美国情报机构之手,绝非偶然。

今天的年轻人可能会问:这是这么回事?在匈牙利财政部写的关于国家真实状况的秘密报告,与呈送给中央委员会或政治局的正式报告不一样吗?这是这么回事?在问这个问题时,我有必要提醒人们注意一点,即使在今天,作出政治决策的圈子也未必全由经济学者组成。因此,他们不一定就能准确理解和分析送到面前的经济数据。在政治和社会问题上,当他们就采取或弃置某些措施作出决定时,他们不只是关注经济方面的论据。所以,当我被请求写真实的分析报告和宏观经济总结时,我不感到吃惊,因为匈牙利经济已经陷入窘境,应该不惜任何代价让领导人知道:经济真的出问题了,应该停止理论上的争论和梦想。顺便说一句,我写的完全是概括性的宏观经济分析报告。

因此,我写的报告不是关于同事的,这不是三局三处!我为三局二处即为反间谍处工作了几年。反间谍不能与专制体制的告密网络相混淆!我是为我的祖国服务,我所做的一切就是让处于危难之中的匈牙利经济站起来,向前发展。对此,我不感到惭愧,而是感到自豪。反间谍和情报搜集是每个国家自然的生存方式。绝不等同于"内部反间谍",即国内的告密系统。

再回到国际货币基金组织的话题上:由于要在尽可能长的时间里

保守预谈判的秘密,国际金融机构的工作人员也不能公开来匈牙利商谈加入事宜。情况有点儿奇怪,因为我们有时在国际会议上遇见他们,有时他们又索性来找我,询问他们对匈牙利政治领导人应该抱什么样的期待,他们可以把这些期待的兑现视为匈牙利加入该组织的条件,而这些期待变为现实真的能把国家向前推进。

我想,对最近的历史感兴趣的读者今天已经清楚地了解,震惊世界的两次石油危机、原材料的急剧上涨从 20 世纪 70 年代起破坏了国内经济的潜能。这期间,体制越来越缺乏运转能力。国家债务的增加最显著地说明了这一点。从 20 世纪 70 年代初至 1991 年,直接的贷款总共是 30 亿美元,而债务在这期间却增加到了 200 亿美元。这个差别清楚地反映出基本的经济规律没有发挥作用。换句话说,在好的与坏的企业之间没有进行淘汰,因而市场没有运作起来,其后果是经济无力生产出应还的贷款和利息。因此这就需要不断地借新款,到最后就像滚雪球似的越滚越多。由于政治上的原因,从一开始贷款就没有希望到达它该去的地方。经济运转失灵的背后是社会机制的运转失灵。

当然,现在肯定有许多人要问:那些著名的、有才能的匈牙利经济学家跑到哪里去了? 他们为什么没有找到一个办法,使这些机制发生逆转或者至少维持原样? 喏,真实的情况是,国内主要的经济学家们一直尝试着强行实施小幅度的改革措施。也许应该说,这些小幅度的改革产生了所谓的"活泥人效应"(在犹太人的传说里,布拉格的一个拉比曾创造了一个泥人来保护住在犹太区的犹太人免遭反犹主义的暴力侵扰。为避免麻烦,拉比总是在泥人完成它的使命以后,再把它重新变回泥土。一天,拉比忘记将泥人变回泥土,当时全城人都已经去做礼拜,泥人发怒毁坏了全城。——译者注)。只要泥人出发了——如我们从文学作品里读到的那样——就已经不能让它停止。只要不毁坏它,它就一直在行走。换句话说,改革也有其自身的规律性。

在这些改革措施中,最重要的之一就是加入国际货币基金组织,一直到今天我都为自己能在其中发挥作用感到自豪。我想,不管是在专业上还是在政治上,我都没有做事后让自己感到后悔的事情,其中也包括我与情报机构建立的关系。对于那些今天还在说三道四的人,我倒是建议他们去读读历史书。自罗马时代起,就有一件广为人知的事情:无论何时在每个社会里都一直有防卫和情报搜集的自然机制及其所需的机构体系。这与一个国家是专制还是民主没有任何关系,在所有的地方都是如此。这个系统的工作人员即使是在最原始的间谍片里都是以正面人物的身份出现的。在我人生的一个阶段——当我的祖国处于危难之时——我自己也准备好了参与这项工作,我为什么要为此而感到羞愧呢?

2002 年人们可不是这样去看待这些岁月的,在选举获胜后当这一切都被曝光时,反对党和执政党的政治家们也在说三道四,甚至呼吁你下台。

反对党有那样的观点是自然的,不值得去理它:他们要做的就是采取一切手段削弱政府的影响力。自民盟则另当别论。我认为,他们完全是以最简单化的方式来处理这个问题。对他们而言,凡是为国家安全局工作的人都是邪恶的,是反社会的怪物。喏,事情绝不是这样的。真实的情况比这更复杂。在全世界都可以发现,一些国家是由那样的政治家领导的,他们不仅与安全机构进行过合作,而且也领导过这些机构。我只提两个最著名的例子:年老的乔治·布什在担任总统之前是中央情报局的局长,俄罗斯总统弗拉基米尔·普京也有在国家安全委员会工作的经历。秘密情报的保护和获取在任何时候都关系到国家利益,而不是某一社会制度的特性。因此,说出那样的话是愚蠢的,比如在好的制度里允许当情报人员,而在另一种制度里就不允许。这就如同我们说,在好的制度里允许当水暖工,而在另一种制度里不允许。情报工作和反间谍工作都是专门的职业。那个有关我在当选之前为何不提这件事的问题简直可笑。谁能给我举一个这样的例子:一个政治家在白热化的、有时是歇斯底里的竞选时期站出来说:"听着,我知道你们现在要向我开枪了,我就是这样的人,让胜利见鬼去吧!你们这几个

人对我的过去感兴趣,你们会得到你们想要的东西的。"啊,这简直是
笑话!再说了,谁也不习惯把从事秘密工作的事情拿到大街上去招摇。
社会党的领导层——霍恩·久洛、科瓦奇·拉斯洛等人——也完全了
解我人生中的这个阶段,他们需要我,包括我的过去,我不能抛弃他们。

你如何解释你的支持率一点儿也没有受到这件事的影响,甚至还
对你有利?

随着两次百日纲领中的许诺的实现,积极的影响产生了,在舆论的
眼中这件事就变得微不足道了。生活常常是非常简单的。在 2002 年
之前的四年里,人们除了听到卡达尔制度如何可怕之外,什么也听不
到,就连敢买空气的人也得躲起来。这时候,我出现了,在那个时刻我
不只是承认了自己的过去,而且为之感到自豪。人们在心里想:是的,
这么做没有错,因为我们在当时也是年轻人,我们那时也积极地工作
过,我们的孩子也是那时出生的。不要把我们的成功和我们的青春夺
走!在那几周时间里,人们开始正视自己的过去。整个事情具有象征
性意义,几天之后就没人再谈迈杰希和反间谍的话题了。

人们说:只要这个人有才干,事业在向前发展,就算给国家安全局
写过几年专业报告,这也没什么大不了的。他没有伤害任何人,只是承
认那几年自己做过什么。总之,我们不想听哗众取宠的政治家在说什
么,因为重要的是,今天他实践了自己的诺言。他许诺涨工资而且做到
了,这对我们才是重要的。人们就是这么想的,我的支持率越来越高。
在政治制度改变之后的历届总理中,我的支持率是最高的,而且在国会
选举后的第二年也是如此。

我们的话题从第二次与国际货币基金组织的谈判拐到了这里,现
在我们再回到 20 世纪 80 年代初期吧!那时,你的事业蒸蒸日上,在财
政部的职位也越来越高。顺便说一句,你那时还是无拘无束的年轻
人啊!

我已经提到过,这一切都要归功于福卢韦吉·拉约什。事后我才
看清,他是一个多么有思想的教育家。只要他发现哪一个年轻人有培

养前途和可展露的才华,他就会不吝惜自己的时间,会给他工作干,经常让他汇报已完成的任务,犯错误了就批评他,干得好了就表扬他。他有意识地让我们几个人跑遍部里的不同领域,也许那个时候他就在让我们做准备,假若有一天我们中谁当了部长,那么我们就会准确地了解部里的每一个角落,我们去任何地方都用不着别人引导。

在福卢韦吉·拉约什之后,海泰尼·伊什特万当上了财政部长。他睿智地认识到这个年轻团队的潜能,并继续了他的前任中断了的对我们的培养工作。他在被任命为部长之前就想认识我。那时他还是国家计划局的副局长,有一次他邀请我去他那里,目的是与我探讨国家的汇率政策。我当时还不知道,他的真实意图是测试我的经济学。只不过测试的本意不那么明显而已,因为我们已经度过了第二次原材料和石油价格骤升的艰难时期,这非常严重地影响了匈牙利。特别是苏联人突然发出通告:友谊是友谊,但石油价格应该向国际市场价格靠拢。这使匈牙利经济陷入非常严重的债务危机,汇率政策因此受到重视,因为我们以不同的汇率计算匈牙利的进出口,结果绝对不一样。海泰尼是一个思想非常深刻的、有哲学家风范的人,他说起话来总是既诚挚又强硬,他的同事们都不太喜欢他,但却毫无例外地尊敬他。我们的这次谈话是非常深刻的,涉及许多细节。此后不久我才知道,当时我已经是经济和预算司司长的秘密候选人,而他已经在为执掌财政部做准备。因此他想知道,假如我被任命为部里最重要的一个司的司长,我们能否一起共事。

事情的经过是这样的,任命我当司长的建议是由福卢韦吉提出来的,但却是由海泰尼签字的。这个司在部里的权力无比巨大,其影响力甚至超出了财政部。作为司长,任何一个部长都是我的伙伴,因为中央预算就是在我的手下形成的,帮助实现中央预算的协调体系也是由我们在这里决定的。1980 年秋天,我坐到了司长的位置上,当时下一年度的财政预算已准备得差不多了。我还是说了这么一句话:不允许让财政补贴改革再拖一年,因为我认为它既不公正又效率低下。众所周知,这些补贴帮助的不仅仅是政治领导人同情的那些人。比如受到国家补贴的青年家具的一部分被布置进周末小别墅里,受到国家补贴的女学生的服装被体格小的成年女性买走。我也不理解为什么要给猎枪子弹提供消费价格补贴,而毫无争议的是,这是属于"有钱人的业余爱好",因此这项补贴应该立即取消。

今天也许人们不大能理解,为什么当我在 1980 年要求不要隐藏这类问题时,听起来有些新意? 但当时这却引起了对预算哲学的极大争论。也许不是每个人都感兴趣,但假如把话题引向当时财政预算的特点,对那个时代感兴趣的人来说也许我的话很新鲜。那时候,在经济结算体系之上没有任何监督体系,其后果是没有义务去反映真实的状况。我有意识地不讲匈牙利的例子:统计数据显示,罗马尼亚连续多年都是欧洲"发展最迅猛的国家",而也许正是在这个国家贫穷也是最可怕的。公布的数据与政治上的期待完全吻合。在我们这里如此严重的扭曲倒是不存在,但在我们的预算中许多数字是不准确的。

长期以来,财政预算是有赤字的,但这一点在财政预算收支表中却反映不出来。让赤字消失是"社会主义的"发明,这个发明自然是在苏联产生的。苏联的经济学家们说,预算应该对任何哪怕是最小程度上与钱有牵连的项目也要作出解释,预算在一个国家永远也不可能有赤字。因为只要在预算的结尾处少了钱,就用外国贷款弥补,平衡立即就产生了。当然,这不仅没有反映真实的经济状况,而且从根本上扰乱了经济。匈牙利国家财政预算在 1968 年就有赤字了,只是那个时候保密而已。在大家看到的统计材料中,外债的数字是不准确的。20 世纪 80年代——在海泰尼担任部长期间——财政预算状况有了一些改善。1984 年后,又开始恶化,从根本上讲是由人为的乐观政策的宣布者造成的,看看报纸的标题吧:"让我们加速发展吧!""我们现在已经走出了隧道,可以看见阳光了……"

用今人的眼光看,我们会感到奇怪:懂行的经济专家们、财政部处于领导地位的专家们为什么不把真实的材料公之于众? 我们有必要回顾一下当时的政治形势。其实我们能做的只有一件事:如何迫使并有效地提醒政治领导人注意,这会出问题的。这是我们自己的责任的活动余地,同时也是界限。从这个角度讲,我可以安稳地去睡觉,我想财政部的整个团队都可以安稳地去睡觉。但我们不断地敲警钟,给政治领导人提醒,但财政部的工作人员却被认为是一帮讨厌的、吹毛求疵的人。我承认——我为何不可以这样做呢——我刚到财政部时,还没看清楚整个制度,在我了解它之后,我也要正视政治现实,这些成分也应该被放进政治现实之中。

当一个人变成了这样的机制的组成部分时,不管愿意不愿意,他也就变成了同谋——这是无法否定的。假如我们准备的现状分析报告和旨在解决问题的财政预算建议在中央委员会和政治局没有发挥作用,那么我们就白忙活了。那里至多只有三至四人懂经济数据之间的内在联系,多数人根本不知道一个个数据变化之后会有什么样的后果。财政预算的编制过程和今天的流程没什么两样,即第一轮要准备形势评估,这在大多数情况下与真实情况是相符的。我们将其呈送给政治领导人,那里通常的答复是:好的,不错,看明白了。但这个不能公布,不允许让其在社会上制造紧张气氛。多数情况下他们会许诺说,在决策的时候他们会记得这些真实的数据,但这之后他们就会把许诺忘得一干二净。在这之后编制出来的财政预算,在许多方面就与原先的建议相去甚远。最令人悲伤的也许是,最后他们眼睁睁地相信了他们自己制造的谎言。

尽管如此,我一点儿也不怀疑:只要——出于害怕或因为反正他们也不理会我们说什么的原因——我们不说出困扰经济的某些行业的问题有多大,我们就无法期待负责任的决议。只要他们提出他们不了解准确的情况,那就是我们的责任了。值得庆幸的是,新财政部长海泰尼·伊什特万对于财政预算问题也持这种观点,当我们让政治家们面对现实的时候,我们用现实去抨击政策。但在提交的形势评估报告中没有出现外债数字,因为外债在当时不归财政部管,而是由国家银行管理。它隐藏在财政预算中的匈牙利国家银行那一章中(有一种谣传,说时任国家银行副行长的费凯泰·亚诺什有一个笔记本,上面写着贷款数字。谣言还说,除了他,谁也不知道准确的数字)。其实,我们在20世纪80年代初开始与国际货币基金组织谈判时,我们就被迫去澄清事实。

海泰尼在20世纪80年代初也是一个市场经济的信徒,这让我非常高兴。我们容易达成一致的看法,一种精神上的默契也就在我们之间产生了。于是发生了这样的事情:我还不到40岁,刚当了两年司长,他就把我挑选出来当副部长。然而,对我的任命是相当罕见的,因为财政部在人事任免方面相当保守。这里没有让如此年轻的人进入高职位的风气。

这使我特别兴奋,因为我感到,在这个位置上我可以有更大的发言权,使我们能够向世界看齐、改用国际标准并向前迈进。我相信,可以让国家向有社会主义特色的市场经济方向发展。20世纪90年代初,许多政治家发表声明说,他们在10—15年前就将一切都看得很清楚,对此我总是一笑置之。除了最优秀的研究人员之外,当时只有极少数的经济专家看清楚了当时的政策将把国家带向何方,在经济领域我们将面临什么样的挑战。当我怀着社会主义市场经济的设想出现在这个机构里的时候,这个设想不仅被视为新鲜的事物,而且被视为异端邪说。

好久没谈起我的父母和家庭了。喏,在这里值得把话题转移到私生活上,因为我的家人在听到我被任命为副总理的消息时,每个人的反应都带有自己的特点。我母亲是一个非常睿智的人,她在知道我的新任务后说:"我的儿子,你的差事将会非常艰难。人一旦到了这么高的职位,要想更进一步就得付出非常大的努力,可能会遇到很多失败,受到许多无耻的攻击。我不知道你将如何承受!"在我父亲心里,骄傲和高兴占了上风,因为在我的进步中他看到了命运的补偿。他感到,他的儿子得到的正是他被剥夺的东西,由于出身他被从外贸部清除了出来。

也许在这个时候我才第一次体会到,对于别人的成功,有时人们的反应会非常奇怪。有几个人开始和我保持距离,其他人正相反:非常想要和我套近乎。我的朋友们变得非常敏感。以前,即使我在最后一分钟决定不参加一个聚会,他们不过耸耸肩表示知道而已。第二天我们又是好朋友。在我被任命当副部长后,我就不允许自己那样做了,否则他们马上就会开口说:"喏,这个人变了。"需要时间才能让他们相信,我的确还是原来的我。他们终于相信了。也有那样的人,我的职位——如果愿意使用"权力"这个词的话也可以——使我一辈子都远离他。

关于副部长这个职位,我得承认:当我知道行业司和处的监管从此也归我时,我的内心是有一些苦恼的。我请求海泰尼不要这样做!然而他是一个坚定的人。事后我只能说:感谢上帝!在这个职位上我了解了国家的许多方面,并接触到了构成国家经济基础的工业和农业的问题。我近距离接触到了行政人员,也直接看到预算资金的再分配机制。我弄明白了,并不是所有喊资金短缺的地方都真的缺资金。我也第一次体会到,假公济私与社会制度无关。简言之:我不只是在经济运行方面,还在社会进程方面获得了非常重要的新知识。

在日后的岁月里,这些都是具有决定性的知识,但最重要的新体验还是对政治家这个职业的认识。我从未有意识地渴望得到这一角色。在担任副部长的第二个阶段,我就应该发觉我的职业越来越接近于政治家的职业。特别是今天,越来越常见的是,某人为当政治家而做准备,但在那时候这也不少见。然而我——说老实话——从未准备当政治家,只不过是我的专业把我引向了这个领域。如果一个人说他想当知名专家,而在此过程中却一点儿都不想去影响他周围的人,这是在撒谎。在我的人生中,这样的瞬间来到了:我说的或做的已不能简单地被看作只是专业上的意见。

我站在了十字路口,需要掂量一下:如果我走上了政治家之路,我对国家发展的过程就有了发言权,否则我的机会就会消失——也许是

第二章 在财政部的升迁

永远地消失。我准确地看到并感到，这个国家必须追赶世界，它有的是经济和政治条件。毫不夸张地说，这还不能等同于认识到政治制度有必要发生改变！我当时坚信制度是好的，只是运转得糟糕而已。这句话也从我所认为的幼稚的卡达尔·亚诺什口中说出了无数次。我不否认，我和无数人都是同样的幼稚，相信可以做得更好一些，然后一切都会慢慢地向好的方面转变。当然，在那个时候，甚至在 20 世纪 60 年代就有许多人清楚地知道，这是多么大的错误。我不否认他们的功绩，但我也不想撒谎说我也属于他们之列。

我的出发点是，应该对制度进行改革，那样我们就能追赶世界了。我想，假如为了这个目标我能做点什么，那么我就应该承担下来。假如它同时要求我变成政治家，变成权力的分享者，那么我接受这些条件。

我承认，当时在政治领域我没有任何救世的想法。有的只是把国家向社会主义市场经济方向推动的非常坚定的思想。今天我已经知道，这是多么的愚蠢啊！根本不存在计划体制下的社会主义市场经济这一概念。市场经济的所有权概念与社会主义的基本性质毫不相干，因此两者是不可以联姻的，但我那时真的相信这是可以办到的。

20 世纪 80 年代初期，从经济意义上讲体制的运转是失灵的。作为经济专家，看到体制是多么的缺乏监督，监督机制的运转是多么的差劲，心里很不是滋味。市场经济最大的优点是，假如我做出了错误的决策，那么相对来说很快就会变明朗，因为市场会立即显示出来。而计划经济最大的风险是，决策诞生了，人们怀着极大的信念地实施它，但立即进行反馈的监督机制却不运转，因而多数情况下问题很晚才反映出来。当了副部长以及不久后当了部长之后，我的意愿就是建立这些反馈体系。

这期间变得越来越明显的是，人们的两面性开始在意识中显露出来。他们曾经有过一种生存安全感，这的确是真的！2003 年左右，青民盟把这个问题提了出来，其根据就是人们对 20 世纪 80 年代的怀旧。与此同时，人们的自由减少了，对此越来越难以忍受。他们感到，那个强迫全国人去获取伪造的邀请函并搞欺诈的制度只能是虚伪的和虚假的,他们无非是想去某一个西方国家,而且多数情况下只有一个简单的原因,即见识并有可能买回比国内更便宜的东西。

1986 年部长人事变动,海泰尼首先想提议贝凯西·拉斯洛接替他的职务。他认为,贝凯西的性格比我坚强。按照他的设想,贝凯西在未来的激烈斗争中能比一个更安静的、更会微笑的人更能胜任这一工作。顺便说一句,贝凯西表面上的果断在霍恩政府执政期间并没有取得成果,因为尽管他知识渊博,但却几乎不能实现自己的经济纲领。要取得突破就需要博克罗什·拉约什那样强硬的性格,后来又需要我的坚持不懈,以巩固已取得的成果,并使匈牙利经济从 1997 年起开始增长。

回到 1986 年的部长人事变动上:真实情况是,并非我们之间的性格差异在起决定性作用,主要不是专业上的论点,而是贝凯西犯的一个政治错误导致他与部长职位擦肩而过。不久前,在贝凯西的赞助下,一本关于洛杉矶的精美的出版物在匈牙利面世了。这本书把 1984 年洛杉矶奥运会形容为很棒的奥运会,尽管匈牙利运动员加入了苏联人的行列没有参加这届奥运会。读者们肯定有理由提出疑问:不参加是否是正确的决定?因而不难理解,政治领导人一点儿也不喜欢这本书,他们对党内的赞助者贝凯西感到愤怒。这样,对他的提拔就从日程上撤了下来。我之所以提贝凯西出版有关奥运会书籍的案例,是想说审查制度的运作已经到了什么样的层面。人们越来越确切地知道,他们得不到未经过滤的信息,他们只能知道中央委员会认为是好的信息。谁不遵守游戏规则,谁就别想有好日子过。

一方面,是经济监督的缺乏;另一方面,伸手可触的完整的政治监督的现实使人们看见,这个制度不可能以这种形式长久运转下去。但我要再次强调的是:20 世纪 80 年代中期,我只是感到有不好的地方,应该换一种方式去做。我同时认为,我不能留在改变的进程之外,这些进程的结果也许会在这个国家成功地改变一些东西。因此,我没有站在消极抵抗的一边,今天对此也不后悔。今天我依然认为,这是正确的态度。我要问：假如每个人都选择了消极抵抗，那么还会有持续的改革吗？在 1968 年之后匈牙利还会有改革措施吗？肯定不会有。然而，现实是——我不是想以此贬低后来的反对派在制度变革中的功劳——正是这些不断出现的、向市场经济方向接近的措施为日后制度的和平演变创造了条件。

在这些措施中，就连经济界人士也记不起很多了，但新的税收制度的实施每个人都记得。

最重要的措施之一——在经济和政治意义上均是如此——是直接涉及居民的个人所得税的实行。在实施这一税种的必要性问题上，财政专家中并未产生非常大的争论。更多的人认为，比这更具风险的是流通税的实施。我却认为，个人所得税在普通人的头脑中也产生了震荡。通过税收改革，有一件事情变明朗了：不是国家在养活我们，而是我们在养活国家。而如果是公民在养活国家的话，那么他们就有权要求权力机构给个说法。换句话说，政治改革不可避免。

海泰尼·伊什特万把个人所得税制度的制订委托给了贝凯西·拉斯洛，后者当时是财政部的副部长。在他的手下，有后来的国家电台台长和小农党议员丘奇·拉斯洛等几个人在做起草工作。那时，就连海泰尼本人也认为流通税法具有冒险性。这完全明确地、主动地向世界宣示，匈牙利把市场经济的建设作为目标。然而，在世界任何地方，诚实的和知识渊博的经济学家都知道，只有在政治上也承担一切后果的情况下，这才有可能实现。只是现实的情况是，匈牙利的政治领导人也许没有想到，缺少多元的、多党民主制度，所有这一切无法运转。

海泰尼不只是准确地看到了这一点，而且也看到了只有我们这些财政部的领导们有能力把楔子插进行将就木的体制里。因此，我们应该采取一些措施，这些措施带来的结果是，对先前的计划体制的改革变得不可逆转。这里包括货币体系的重组、银行改革和税收制度的完善。在整个构想的制订中只有我们几个人参加。总的构想是由我起草的，我曾说，新的税收制度本身并不能解决任何问题。根本的问题是，要对整个经济政策和经济机制进行改革。因而,在市场机制的启动过程中,必须把税和价格体系的改革结合起来。

第三章

政治转轨　错误难免

你在副部长的职位上开始工作,但这期间你被任命为部长。

是的,1986 年底,我被请求担任部长职务。按当时的惯例,对此事负责的中央委员会书记根据某个人或某些人的建议要与候选人见面,真正的决定实际上也由他作出。这之后,他要与总理商谈,并在中央委员会"通过",最后再由国会批准。

候选人提条件在今天已经不稀奇了,但在当时却引起了轰动。我是有条件的。既有人事方面的条件,但更重要的是政治方面的条件。我是想以此确保我们继续甚至加快改革步伐,其中包括税收制度的改革。我要求得到的保证还有,不仅在酝酿阶段要保证政治上的支持,而且在实施过程中领导层也要给予支持。我的担忧不无根据,因为改革一旦越过了纸上谈兵阶段,改革的动因也变得毫不含糊,假如它对不可预见结局的进程起了发令枪的作用,那么就必须有政治做后盾。我们这些搞财政的人早就知道,这个问题很复杂,税收只意味着表象。我了解国际上的例子,知道一个新的税收制度的实行会伴随什么样的社会震荡。因此,在我的身后必须有政治力量,即匈牙利社会主义工人党的支持。最大的专业上的和政治上的争论并不是由个人所得税引起的,

而是为什么要把这一税种与流通税挂钩。我不断地辩解,两者一起出现与把两个过程拉长相比,造成的社会、政治和经济冲突会小一些。我的这些强硬的条件使中央委员会负责经济政策的书记豪沃希·费伦茨等人大为吃惊,但最后他们还是接受了我的条件。

只是,在我就职的第二天,围绕细节问题的争论就爆发了。我说:"假如税的实施会引起大的社会震荡,那么就应该让居民为此做准备,应该开始对人们进行宣传。首先,在国会应该给专家和议员机会,让他们说明自己支持或反对的论点。关于争论的综合消息要在新闻中出现,这样就容易让舆论接受。"我就是这样提出我的观点的,但中央委员会成员豪沃希知道,卡达尔·亚诺什不喜欢不愉快的事情,因此他一开始就明确地说不。我继续给他解释着可能会出现的政治丑闻的严重性,直到豪沃希把在中央委员会担任部长的内梅特·米克洛什——作为经济专业毕业的支持者——争取到了自己身边,他们联手说服了卡达尔·亚诺什,让他接受应该为税收制度的实施做准备,把问题带到国会讨论就是其中的一部分。

由此可以看出,豪沃希·费伦茨,这个以普通工人的身份进入最高领导层的人,是一个天生富有智慧的人。许多时候,他比政治局其他成员更能理解应该把经济朝什么方向推动。他只是不知道如何更好地、更有条理地阐述自己的观点。在围绕税收的争论中,他为我们财政部的领导提供了许多帮助。

税收制度的出现为什么会有那么大的震动呢?

用今人的头脑已经很难理解。你们想想,一个既定的社会,它在长达40年的时间里一直让人们相信,国家不是靠他们而生存,而是他们要把一切都归功于"仁慈的国家"。认识到几十年来我们一直被愚弄,肯定会产生震动! 所有这一切立即会伴随另外一种认识,即从这一刻起整个国家的经济与他们,与所有的纳税人密切相关。政治上的压力随之出现:既然涉及人们的日常生活,那么国会——理论上是人民选举的代表坐在那里的——不只是有权利,而且有责任让政府作出解释,政府把人们的纳税钱都花在了什么地方。政府在这一刻也认识到,从现在起再不能秘密地处理事情了。

不能这样做的原因是,社会在这期间也认识到,一直把集体主义和个人的作用相互对立,这是在对他们撒谎。现在清楚了,集体是由个体组成的,自己照顾自己的纳税人有权对涉及他们的决定发表意见。与那些受国家照顾一生而不得不说感谢的人相比,纳税的公民可以把腰杆挺起来。体验到一切都在他们的手中,这是巨大的发现!因此,人民当家作主的原则在匈牙利第一次开始运作了。

这一思想在我在国会所作的启动实施税收制度的报告中得到充分体现。当然,事实上,多数人没有真正理解这一部分问题。在经历了40年的误导之后,让社会上多数人准确认识到我为何如此看重这一点,条件还不成熟。对绝大多数人来说,另一个观点不可避免地变得更重要和要命,那就是,税就是把钱收走。

1990年后,在一些政党的口号中出现一些想法,如他们的政党"将照料"国民,这时我总是感到紧张。国民当然不是由国家来照料的,更不是由政党!国民要照料的是,政治团体如何运转,地方当局如何运转,国家要运转起来。因为这正是税收制度实施带来的新东西以及社会和政治方面的发现。

你刚当上财政部长,税收改革就启动了。除此之外,其他的一些重要措施也在把经济向市场化方向推进,只是舆论对那些措施的关注度较小而已。

这个问题使我想起我在分析海泰尼·伊什特万的功劳时说的话。我从他那里学习并接受了楔子理论。在实践中,每一个接下来的措施都如同一根根楔子一样插进了行将就木的旧的经济体制里。这样的楔子:我们把银行部门变成了多级银行体系;我们说,加强私营部门是市场经济建设必不可少的条件,而加强私营部门只有通过私有化才能实现。

对这些内在联系的第一个总结发表在当时引起轩然大波的《转折

与改革》一书中,这本书由财政研究所的团队撰写。用今天的眼光看,这可能是幼稚的研究报告,充满了幻想,但在当时的环境下这却是非常大胆的行为。这本书的主编和组稿人是安道尔·拉斯洛,一帮聪明而有才华的研究者参加了这项工作。然而,政治领导人对这本书的出版感到不满。从他们的角度讲是有原因的,因为该书指责他们迄今所做的事情,对聪明的读者而言,该书明确了制度的变革是不可避免的。财政部作为该研究所的所有者因此受到了严厉批评。

为此,我多次被召进中央委员会,也去过布达佩斯党委。在所有的地方我都尽力解释,假如我们不能承受人们对过去的批评,事情就不会向好的方向发展。我还说,抹杀以别的方式思考的知识分子的劳动是不好的。内梅特·米克洛什在说服政治领导人方面也起了很大的帮助作用。可以说,这个团队的成员后来没有受到任何伤害。

当时,多家研究所的合并或关闭也成了话题,其中包括财政研究所,它从事的是基础研究,其位置应该在匈牙利科学院,而不应该在财政部。我要说的是,我的好几个前任都曾试图关闭这个研究所。研究所的关闭和《转折与改革》的出版从时间上讲是先后进行的,因此也符合产生政治干预的表象。

你也因此受到指责……

啊,当然!而我的确是出于专业上的考虑才这么做的,我把研究所的领导之一安道尔·拉斯洛找来,告诉他我的动机以及在关闭后我想在财政部设立一个独立的科,让最有才能的研究者继续在这里工作。我特别强调,我首先想到的是《转折与改革》的作者们,因为我认为他们是最优秀的。我也许诺说,我们会为其他人另找地方,不会让他们流落到大街上的。

后来事情却向另一个方向发展了,因为这个团体中一部分人的想法是,他们不想在这样的条件下工作,他们宁愿成立一个独立的财政研究股份公司。他们在谈论政治报复,我认为这也是自然的。今天,我的观点是,我犯了一个错误,我的内心缺少清醒的自我控制和警钟。我感到遗憾。在我要采取的步骤背后并无政治上的考虑，但却造成了这样的假象。我不是为了寻求良心上的安慰才这么说的，但从个人的生存方面讲，研究所的工作人员做对了。然而，这挽救不了政治错误。

这件事也提出了一个问题：有没有过那样的"艰难"瞬间，让你思考是做积极的反对派呢，还是做被动的抵抗者？

当然，我当时也在思考这个问题。事实上，在做每一个实质性的决定时我都面临这个问题。比如，在是否加入匈牙利社会主义工人党的问题上就是如此。哪一个选择更好？假如我从外部来看整个事情，我会说：你们就那样干吧！或者更有效的是，假如我说：见鬼去吧！你们不让我享受自由，那么我就从内部试图改变事物，让事态按照我的想法发生。我认为，后者是更好的解决办法。

我一直在思考这些问题。比如，当我在权衡是否接受某一高级职务的时候，就是如此。我要说的是，预算司长已经是一个高级别的职位了，在今天也是财政行政方面具有决定性的职位，因此在找我担任这一职务的时候，我就彻底思考过我的决定会带来的后果。在后来担任副部长和部长期间更是如此！这些全都是那样的职位，我必须权衡怎样做更好：是在不声不响中退缩，还是以别的方式接近这个世界。

每次我都得出一个结论，在这个时代我不能，也不想期待得到更好的东西，不管是由于我的年龄、我的主观能动性、我缺乏耐心，或许更重要的是，由于我的积极意愿，我都持这一观点。我们要客观一些：改革从一开始就没有显示出它是不可能的，到20世纪80年代匈牙利已经形成了一代想要实质性变化的人。我在前面提到这些人中一部分已经身处权力的边缘，或者已经进入权力中心。比如内梅特·米克洛什，后来他当了总理并成功地领导了过渡时期；鲍尔陶·费伦茨国务秘书，后来当了国家银行行长；霍尔瓦特·费伦茨，后来当了工业部长；安道尔·拉斯洛，他一直代表着科学界，因此一直在权力的边缘。他一直属于财政部的前10个领导人之列。在改革向何处去的问题上，他发挥着自己的作用，因为福卢韦吉·拉约什、海泰尼·伊什特万、迈杰希·彼

49

得都听他的。还有其他人可以列举,比如舒拉尼·捷尔吉在 20 世纪 80 年代就参与了改革。在 20 世纪 80 年代后半期,我们想为国家、为人们做点什么,今天我依然认为这是正确的决定。

我们把话题再转移到那时发生的事情上:当了部长之后,你成为中央委员会的成员了吗?

1987 年是。这就是中央委员会反民主的运作的特点,根本就没有征求我的意见。我是财政部长,再说我自认为是年轻、有活力的人,因而不知不觉就被纳入了干部培养计划并被列入中央委员会。作为这一机构的成员,我得到了参加中央委员会会议的邀请,同时还有相关证件和文件。我想起一件真实的事情来。中央委员会的经济政策科需要一位副科长。凯迈奈什·埃尔诺是非常有才华的年轻人,后来成为计划局国务秘书和主席。他被请进中央委员会,与我的经历相同的是,他被通知从下周起担任中央委员会经济政策部副部长。他有礼貌地听完,点了点头,对给予他的信任表示感谢,然后问道,他不是社会主义工人党的成员,不会有问题吧。制度是那样随意,看也没有看他是不是党员。最终,他当然没有进入中央委员会,但后来——由于他的才华——他在内梅特·米克洛什政府里干得很出色。

说的轻一点,这也够令人震惊的了,从中揭示出那个时候党的运作故障有多大。整个事情看起来,我就像进入了一个秘密的社团一样。这个秘密社团是什么样的呢? 我把中央委员会一长串名单上的成员分为三个圈子。我将老战士们列入第一个圈子,他们多数人几乎没有文化,思维方式和思想老化。然而,不可否认,这个圈子的另一部分人却被证实是杰出的、有才能的政治家。我现在也承认,卡达尔如同奥采尔·捷尔吉和涅尔什·雷热一样,也属于这些人之列。也许,福克·耶诺也应该被划到这里。

我将崭露头角的中间一代人列入下一个圈子。我认为,属于这里的人有格罗斯·卡罗伊、波日高伊·伊姆雷、内梅特·米克洛什、霍恩·久洛和我自己。从我们所受的教育、兴趣和当时的职务看,这是一个非常混杂的团体,但所有人都一致认为,现存的计划经济体制已经没有运转能力。还有,我们所有人的心中都存有一份幻想,认为这个体制是可以改革的。甚至,我们还相信我们有能力实现这个改革。不过——在这么多年过后,我现在也笑我们自己——我认为,这是不应当受到惩罚的。我坚信,一个没有任何信仰的人是不可以承担政治职务的!最后,是中央委员会的第三个——一个真的没有特点的——圈子,其唯一的任务就是满足统计上的需求。最大的问题是,他们占多数,几乎占了中央委员会的一半。因此,尽管他们就世界和匈牙利的形势没有真正有见地的观点,全然不理解改革的不可避免性,但他们可以影响并有能力用自己的选票在中央委员会决定问题。

　　1987年夏天我进入中央委员会,在此后的两年里,中央委员会里争论气氛的变化具有明显特点。一开始看似铁一般的纪律慢慢地开始向争论、甚至有时是激烈争论的气氛演变,发言越来越带火药味。同时,在基本问题上,多数人仍然不敢与政治局的意志,因而不敢最终与卡达尔的意志相抗衡。我只举一个洛基泰莱克(位于巴奇·基什孔州,1987年9月27日,约150名反对派成员在这里召开会议,通过了关于成立民主论坛的洛基泰莱克声明。民主论坛在1990年匈牙利政治制度变化后首次举行的国会选举中获胜。——译者注)问题的例子,政治局成员对此极为反感。卡达尔以成熟的政治敏感认识到,这里已经开始了某种进程,它将损害然后最终清算整个政体,并推翻迄今的政权。卡达尔有足够的智慧认识到,已经启动的进程他已无法主宰,甚至居于统治地位的政党也无法主宰。他采取拒绝态度是正常的,政治局也把它作为自己的态度。这样,关于这个问题在中央委员会就没有发生实质性的讨论。

　　在中央委员会也没有就经济问题进行实质性的讨论吗?

　　在经济问题上政治局说什么起着决定作用。然而从外界看,很难说清楚政治局的观点是什么,卡达尔的个人意见又是什么。自格罗斯·卡罗伊走上领导岗位的那一刻起,可以感觉到,卡达尔的能动性在减弱。这时,中央委员会里的气氛也发生了变化——也因为他的身体状况——卡达尔的威望已不能对争论产生影响。

至于政治局是如何就一个个问题作出决定的,我是从它的会议上知道的。当按照政治局会议议程讨论某一经济问题时,我作为财政部部长,后来又作为副总理得到了参加会议的邀请。这时候,我清楚地感受到,卡达尔·亚诺什在基本的政治问题上是毫不动摇的,一切说服他接受相反的事物的尝试都是徒劳。他只信任他的老伙伴,仅仅因为他能指望他们的响应。与此同时,在经济问题上倒是可以说服他的,比如费凯泰·亚诺什连续不断地做到了这一点。假如我说,政治局就任何问题也没有进行过实质性的讨论,那么我说的不是真话。甚至,在有关涉及到我的经济事务上,包括公司法在内,就有过严肃的讨论。从中不难看出,这是涉及社会发展的政治问题,因为它触及所有制关系和公司的各种形式,在这些公司的形式中已经出现了股东这一概念,而在社会主义政治经济学的教科书中股东被描绘为恶魔。在这些事情上,卡达尔的观点当然是保守的,但只要有人能给他提供赞成实施的好的论据,那么他的实用主义又会占据上风,并最终给予支持。假如没有这样的建议,事情就糟了。

我要提的是,他的观察力非常敏锐,比如一个价格的变化会伴随什么样的社会影响,对最贫穷阶层的生活会有什么样的后果。卡达尔最准确地察觉到了将会产生的社会影响。尽管从经济理论的角度他还没有了解细节和弹性,但参加会议时他总是有备而来,而且许多次是带着先入之见来的。

你当时是怎样看待20世纪80年代后半期你担任成员的那些政府的?在比较了制度转变后的政府之后,现在又作何感想?

在三年内我参加了三届政府。在拉扎尔·捷尔吉的团队里我工作了半年。在三届政府中,这无疑是最保守的一个。多数部长是观念陈旧之人,很难在那里搞革新。拉扎尔是个非常正直的人,但担任总理却有些无法胜任。在专业上我认为是论据的东西,在那个政府里什么都不是。拉扎尔知道不能把财政方面的观点简单地拒之门外,因而他还算是我的提议的帮助者和支持者,但我却很难找到其他的盟友。

到 1987 年年中,可以看到,应该对经济政策进行本质上的修改。越来越迫切的需求是,政府至少要有相对的独立性,与此相适应的,要有一位有特点的总理。毫无疑问,这个人将不是拉扎尔。然而,人们认为总理应出自政界的这一观点没有发生本质变化。格罗斯·卡罗伊的名字越来越频繁地出现,传说他敢同卡达尔·亚诺什对抗,并因此受到"惩罚"而去了包尔绍德。在整个事情中,我所看到也是我所感兴趣的是:他真的想搞变革。1987 年 6 月底,格罗斯当上了总理,而此后不久我就接到让我当副总理的请求。在任命我之后,毛尔姚伊·约热夫在一小段时间内仍留任副总理,后来这一职位就由我一人担任。可以说,我是政府的行政领导人。政治则由格罗斯管,通过他,政治改革的舞台从党中央转移到了政府。1988 年,有一个举动可称得上了不起:在他担任部长会议主席期间,政府脱离了党的领导!这在社会主义国家中还没有先例。从这时起,一切事情都由中央委员会甚至政治局决定的历史中止了。这当然需要格罗斯的背景,毕竟他是党的官员和机构绝对信赖的人。

毫无疑问,他的个性给政府带来了新鲜的东西,他会说话,会展现自己。关于他想做什么,他有的是想法。他开始向西方开放,但同时又与苏联保持良好关系。在国内,人们有时把他称为"匈牙利的戈尔巴乔夫"。今天,他们两个人的局限性我们都已经了解了,但在当时他们做的和说的都可称作具有革命性的新东西。

事情很快就明朗了,格罗斯在经济方面没有自己的想法。结果是,在政府里对经济的监管和对这一机构的领导落在了我的肩上。我在想,假如在我的身边成立一个由优秀专家组成的秘书处,那么它将对政府决策的独立性起帮助作用,因为在党的机构中从专业上讲秘书处弱了很多。这样,经济政策秘书处就成立了,我为秘书处请来了专业领域的佼佼者:安道尔·拉斯洛、库努什·彼得、特姆派·伊什特万、舒拉

尼·捷尔吉、绍尔考伊·伊什特万、科奇什·伊姆赖、奇利克·彼得、里埃茨凯·韦尔内、萨克奇·陶马什和毛尔托尼·亚诺什等。不管在知识上还是在创造性上,这个团队在当时都无与伦比,他们的学识是令人难以置信的渊博,而且他们都具有改革思想。唯有一件事情我们不确知,即墙在哪里?

说得更通俗一点:我认为,那个时代的特点就是有各种各样的"墙"。我不知道,读者是否记得科瓦奇·安德拉什的这部电影。它让人想起了一出中国戏剧,两名武士在黑暗中面对面站着,手里都拿着一根棍,他们不知道房间的大小。假如能避开相互的打击,他们就能躲过一劫。否则,一方将击败另一方。在黑暗中,他们不知道对方在哪里,比这更重要的是,他们不知道墙在哪里,他们可以往后退多远。在认识到这一点之前,每一步都是非常冒险的。

这部电影讲述的正是我们的生活,即在一系列问题上我们是否能走到或者已经走到了墙根处。我们是否已尝试了一切办法?在这里人称代词用了复数形式,它意味着:我们这些当时的知识分子,与今天的知识分子一样,是不可以推卸责任的。我今天也认为,1988年在我身边成立的经济政策秘书处走到了当时既定形势下在经济意义上所能走到的边界。

格罗斯·卡罗伊不具备适当的经济知识,从这个角度讲也许是好事,因为这样一来他就把这一领域全部委托给了我们,甚至他突然发表的一些言论也不会妨碍我们的事情。在内政、外交问题上甚至在其他领域,他发表的即席讲话越来越多,这些没有经过思考的讲话在国内外慢慢地对他的声誉造成了损害。他是个难以捉摸的人,在这儿这么说,在那儿又那么说,而他认为没必要解释他为何改变了自己的观点。

前面你已经谈到了自由的感觉,确切地说,就是一直到20世纪80年代末,假如谁要去西方看世界的话,就得搞欺诈。但在世界护照实施时你却对结果没有表示出明确的满意。为什么?

那就从头讲起吧!大家都知道,世界护照是由霍恩·久洛想出来的。在一个经济政策委员会的会议上，我们坐在一起，我注意到他在非常细心地修改着什么东西。我凑近一看，原来是一份议案。我问那是什么东西，他一下子塞进我的手里让我看。我这才知道，这份议案原来是要把护照的有效性扩大到全世界。第一瞬间，我就开始激动，这个主意太了不起啦！但我马上说，这在经济上还缺少基础，还有工作要做。说真的，他对我这个经济专家的观点一点儿也不感兴趣。后来，他带着这份议案到各种论坛上去宣传，整个事情就与霍恩的名字连在了一起，甚至把它呈送给了政治局的也是作为国务秘书的他，而不是外长，这样的事情在当时还没有过先例。

世界护照也得到格罗斯的支持，因为他看到了它的政治利益。世界护照在政治上是正确的，当人们渴望旅行和看世界的时候，给他们提供条件去外国旅行是一件好事，我对此一点儿也不怀疑。同时我敢肯定，如果我们不找出办法，给每个人保障一定数额的外汇，就可能发生经济破产。我准确地看到这其中的危险，但实际上我却孤立无援，或者说我和费凯泰·亚诺什两个人试图说服其他人，只有在采取相应措施避免经济破产的情况下，才能迈出这一步。后来，我更成了孤家寡人，因为费凯泰反倒被别人说服了。国家的财政状况是应该得到很大改善的，假如我们同时提高关税、放开外汇存款限制、停止国家保证的外汇供应、增加消费品进口，那么去维也纳购物就失去了意义。我无法说服其他人。后来，我们又犯了另一个大错误：在世界护照实施后外汇分配的后果已经可以看到时，是应该更迅速地在财政上采取措施的。

这期间当然又发生了总理易人，在世界护照实施时内梅特·米克洛什已经是总理了。他的确是懂经济和财政的专家，因而他理解我的论点，只是从政治上他不可能走回头路。在这个时期，为了改变政治制度而做的超前的准备工作已经在进行。他准确地看到，假如采取紧缩措施限制巨额外汇外流，政府、政策和他个人的支持率都将受到很大损害。

当我们开始为解决危机而绞尽脑汁时，在一次磋商中我首先提出

建议:我们为商业部保障一笔外汇,使其能够进口适当种类的商品,然后我们搞一个大型的商业活动,以此转移人们的视线,让他们不去西方购物。原则上每个人都支持我的建议,只有国内贸易部长反对。也许,即使商品供应更丰富一些,照样会有很多人出去,因为人们纯粹就是想拥有自由的机会。但因此也应该控制外汇外流!然而什么措施也没有采取,国家陷入越来越严重的困境,外汇管制开始崩溃。

大部分责任在政府,政府没有及时采取必要的措施,这一点我没有异议。但在当时已经越来越活跃的反对派也想尽办法,阻止国家从国际上贷款。然而,由于流向国外的外汇数额到了令人难以置信的地步,结果是国家的储备日趋减少。1989 年和 1990 年初,我在国外——比如瑞士、美国等国——旅行时感受到,先于我访问这些地方的反对派领导人曾说服那里的领导人,不要信任匈牙利的官方政策,不要相信匈牙利政府,因为局势的恶化有助于反对派早日夺取政权。这种行为我当时就认为是令人震惊的和反民族的,就是在今天我也不会有不同的看法。假如有人相信自己将会夺取政权,那么抱着早几周夺取政权的希望而毁掉自己的未来,这是惊人的愚蠢之举!

因危机而引发的争论已经发展到了我向内梅特·米克洛什提交辞呈的地步。米克洛什权衡了这一步在当时的政治形势下会产生的严重后果,因为我是唯一的副总理。这样他就同意实施几项经济措施,作为交换他要求我收回辞呈。我这么做首先是因为我当时在想,即使是出于对国家的热爱和为了面子,我也不能把一个遭到摧残的国家交给继任者。

谁要是还能记起那段日子,他就知道:那几周是动荡的!每天都有从未听到过的新闻、事件或变化。反对派和政府既与时间赛跑,也相互赛跑。内梅特·米克洛什是经济专家,与他的前任相比,你与他共事能更容易取得成效吗?

既是,又不是。有两个原因使事情变得更困难:一方面,内梅特·米克洛什是最不信任别人的政治家,这是我从前就认识到的。有一件事情加剧了我这种认识,我们两个人都很清楚地知道:在格罗斯·卡罗伊的接班人问题上,除了他,我的名字也作为可能的总理人选出现过。最后,他在党的机关工作的背景和农民出身与我的财政行政实践和中产阶级出身相比,成为更好的推荐信。他肯定没有忘记这件事。当我解散以前成立的经济委员会时,曾试图解决他对我的不信任问题。我想以此发出信号,说明我知道坐在总理位置上的是一个多么好的经济专家。但与此同时,我的角色也发生了变化。我成了一个普通的副总理,在任何地方和场合代替总理。

内梅特·米克洛什是个聪明的、知识渊博的人,在那个时期干得很出色。他领导政府的方法很好:在就重要和棘手的事情作出决策之前,他都要召集一些人来开会,用今天的话说,就是让大家献计献策,而且他让两名最亲密的顾问坐在他的身后。内梅特政府不需要吸收特别的专家来参加这种激动人心的谈话,因为政府的每一位成员在自己的领域都是特别知名的专家。我不相信,纵观这之前的 50 年,这个国家曾有过这样的政府,它既有知识又有专业和思想背景。我们于是开始谈话,他提出许多有挑战性的问题,当他已经大致从我们的大脑中把一切都"掏出来"后,他还要同两名顾问再待上一个半到两个小时,一起研究他应该代表的观点。最后,他还要在社会学家那里试探可能产生的影响。一句话,他特别细致、博学,从这些争论中可以学到许多东西。

在那段时期,准确地说,与反对派谈判的结果是,政府起草了许多法律和法律修正案。在各种经济法的起草中,不夸张地说,我起了决定性作用。公司法和有关私有化的法规意味着最大的变化。

即使在今天,有时也能在演讲中听到一个例子,说自发的私有化启动了国家的"出售",旧制度的一部分领导人通过这一手段把自己的权力转移到了经济领域。但事实是,假如在 20 世纪 80 年代末没有启动这一私有化浪潮,那么匈牙利的经济会不可避免地落后,果真如此的话,我不知道它今天会停留在哪儿。回顾过去的 15 年,可以清楚地看

到,我们仅仅部分地成功实现了经济改革最重要的目标之一,即中产阶级的壮大。假如我们不让外资同时进入匈牙利经济,这本身对于经济发展是不够的。

第四章

制度变化的迹象和制度变化的开始

不过，经济改革只是推动政治制度变化的一个步骤。那么我们又是怎样走到那一步的，即内梅特政府对整个阵营不可逆转地向另外一种制度的方向进发起到了一种催化剂作用？

历史的教训之一是，了不起的举动常常是在被迫的情况下出现的。假如东德人来了，我们就放他们去西方，然后这就启动政治制度的变化、柏林墙倒塌、德国的重新统一，最后是欧洲的统一，这并非是由我们想出来的。事情并非这么简单。事实是，内梅特政府当时就站在十字路口！

今天大家都已经知道了，东德人的意识形态是最正统的，在整个东欧社会主义阵营中那里的政策的制定也许是最缺乏天才的。在东德的历史上人们对闭关锁国的不满不是第一次，而是再一次到达了沸点，而其他地方情况早就有了改观，更不用说我们的世界护照和签证政策了。而正是这一点使父母、兄弟姐妹和亲戚在匈牙利相聚成为可能。特别是在边界和柏林，各种各样的限制很多，告密制度不但有，而且很兴盛。而在几百米外，就闪烁着西方的灯光。西柏林人自然总是加速事情的演变，因为他们举办一些也令东德青年着迷的音乐会，地点大多在柏林

墙边,而最经常的地点则是勃兰登堡门。

对不能接近西柏林灯光的东德人来说,匈牙利成了自由的象征,在这里他们吃得好,喝得好。如果来兴致的话,还能与从西方来的亲戚一起一醉方休。最让他们放心的是:他们在这里可以大胆地骂国内的局势,这里的国家安全机构不会去干扰他们。这种情况持续了好几年,但在他们满载而归之后,他们越来越感到他们每天都想享受这样的气氛。

这件事情带来的结果是,越来越多的人索性不返回东德,形势开始变得难以处理。当几万人来到一个国家,而且长时间呆在那里,这就造成了危机局面。最早来的一些人突然想到,他们的真正出路是去联邦德国大使馆,或者给他们保证治外法权。然而,申请难民的人是那样的多,致使许多人无法挤进大使馆的院子。形势开始变得有了丑闻的味道,政府也不得不出面处理。关于来到这里的人的不断增长的数量、人们的情绪、当然还有东德国内对这件事的评价,我们一直都得到各种报告。明显的事情是,这里不能容留这么多人,但任何人我们都不想遣返。他们认为的解决方法只是,投奔生活在西方的亲戚和朋友。他们想自由地生活!我们必须在什么地方简简单单地开启一个闸门,以避免局势失控。

这时,由格罗斯·卡罗伊、涅尔什·雷热、波日高伊·伊姆雷和内梅特·米克洛什组成的"四人主席团"召开了一次会议。霍恩·久洛和时任内务部长的霍尔瓦特·伊什特万也被邀请参加。在此之前,霍恩自然与别人进行过许多商谈,最多的是与当时驻波恩的大使,这名大使也叫霍尔瓦特·伊什特万,他真的是一名优秀的外交官。伊什特万暗示,唯一的解决办法是,我们允许滞留在我们这里的成千上万的人去联邦德国。霍恩支持这个想法,并很快说服了上面提到的四位领导人,使他们相信解决这个问题没有别的办法。

他们作出了开放边界的决定,午夜时分,内梅特·米克洛什给我打电话,问我假如要走这一步,会有什么样的经济后果。东德人有没有可能对我们采取某种国际经济制裁?他总是通过所谓的"K"线(专用电话系统,始建于 1947 年,1998 年停止使用。——译者注)才敢说出这些话,因为他害怕,假如这一决定泄露出去,我们就会不可避免地与苏联和东德卷入一场国际丑闻。显然,开放边界只能是通过突然而巧妙的办法进行!黎明时分,我和我的同事们就已经坐在了我的办公室里,当米克洛什早晨进来上班时,我告诉他,我认为采取这一步骤不会有任何经济危险,并且我们不能因此提任何要求作为交换条件,因为这样才得体,也只有这样我们才能更长远地享受这一决定带来的政治上的好处。我那时就确信,开放边界的这个壮观场面将会把国际资本吸引到匈牙利。

这之后,四个领导人又和霍恩坐在一起开会,格罗斯那句有名的话就是在这里说的:"听着,久洛,反正你也喜欢上电视,你就坐进《一周》的演播室,讲一讲将要发生的事情吧!"霍恩随后就坐进了演播室,他说我们肯定立即把德国人放出去。由于一切都是预先准备好的,当天夜晚,边界开放真的在肖普朗布斯道发生了。我要着重讲的是,边界的开放伴随着从未有过的情绪的爆发,15 年之后,我和我的同事、时任奥地利总理沃尔夫冈·许塞尔都认为,在 2004 年 5 月 1 日匈牙利加入欧盟的那一天我们重游这个地方有重要意义。我们共同纪念——事后可以大胆地说——这一历史时刻,是分裂了的两个德国的重新统一的开始,也是几年后许多原东欧社会主义国家加入欧盟的开始。

综观 20 世纪 80 年代,你的生涯可以有两种结局。无法准确知道接下来的是什么:改革了的社会主义还是新(重新的)资本主义?如果制度保留了下来,那么你可能会当总理,就像拉扎尔·捷尔吉,或许你会成为匈牙利改革政策的重要继承人之一。你没当上总理也没成为改革的继承人,在制度变化的时候你离开了政治,你的告别也是有礼貌的。

那时候,我也不知道最后的结果会是什么,但有一点很清楚,我们这些对政治的演变有过发言权的人,作为匈牙利社会主义工人党的成员代表的倾向与老人们完全不同。观察一下拉扎尔·捷尔吉、格罗斯·卡罗伊和内梅特·米克洛什之间的区别就足够了！不只是越来越年轻的年龄段的人出现在了权力部门，而且他们的心态和世界观完全不同。20年前还感受不到反对派的存在，只是到了20世纪80年代末我才面对那时出现的、有自我表现欲望的反对派，他们的出现和他们的观点在提醒人们，真正的限制还存在着，我们应该跨越这些限制。

然而，要认识到应该交出权力——从那时起我们就可以看出——是非常难的一件事，特别是那些处在权力碉堡之后的人。只要想一想，20世纪80年代末的主要政治家中有几个人相信：只要他们以足够多的夺人眼目的举措支持新制度的实现，他们就能够在新制度中保全自己。波日高伊、格罗斯和内梅特·米克洛什都相信这一点。

最后，格罗斯作出了一个我认为是值得人尊敬的决定：他过起了隐居生活。不错，在一次后来总被人提及的在体育馆的讲话中，他仓促地描绘了极右势力的危险，而他的言辞则使人想起了白色恐怖。当时人们不理解他的讲话，今天我也看不明白他为何要作这次讲话。人们之所以不知道他为何要攻击极右势力，是因为他们的精力都集中在即将到来的变化上，期待着更好的和新的生活。我认为，格罗斯·卡罗伊在这里犯了一个大错误，他没有考虑到：在一个民主国家，任何极端势力，不管是极右还是极左，都可以存在。它们由法律和头脑清醒的选民监督，但在旧体制崩溃之前谁也接受不了用白色恐怖相威胁，然后又要保卫国家免受其侵害。格罗斯的这次讲话使他变为新政权政治精英的所有可能性化为泡影，极大地损害了他本人和整个左派运动。同时，我今天也依然认为，这并不是他的真面目，他只是犯了错误。他在仓促之中信口开河，因为他感到自己已经失去了对局势的影响力，但他从来没有想过要把部队开到大街上去对付"白色恐怖"。他已经被时间甩在了后面。

内梅特·米克洛什以敏锐的感觉洞察到，完全接过政权并宣布政府独立于政党的时机到了。在此基础上他立即否认，党和政府之间会就极端势力问题达成任何形式的协议。他以此也证明，他的战术感棒极了。在这方面他的确很强,但在战略思考上他的能力就不那么突出了。内梅特·米克洛什那时肯定不相信社会主义制度是可以改革的。他非常诙谐地给当时的反对派的鼻子下面撒上了胡椒面,他把一切事情都尽可能迅速地处理完毕,为的就是不让新政治精英将其据为自己的功劳。比如安葬纳吉·伊姆雷就是这样的例子。尽管有这些能力,他对自己的未来依然犹豫了很久,因为他认为,他可以在新政府里担任国务部长。只是过了一段时间之后,他才面对现实,这时他作出了去外国工作的决定。

波日高伊·伊姆雷直到最后一分钟还在相信,他将被选举为共和国总统,因为"人民要的是他"。每个人都抓住权力不放,连脚也不想迈出办公室一步。只举一个例子:弗朗茨·约瑟夫·施特劳斯(德国政治家,生于 1915 年,死于 1988 年。——译者注)去世了,由于他的功劳,匈牙利和巴伐利亚的关系多年来长盛不衰。1989 年,没有一个匈牙利政治家愿意代表国家出席他的葬礼。他们肯定是害怕,在他们去出席葬礼的那两天就会有人把他们架空!最后,我被请求出席葬礼,因为那时大家都已知道,我在今后无论如何不想再当政治家了。

我的这个决定是逐渐成熟的。我越来越清楚地看到,我们用可以继续做在前制度里停止做的事情来自我欺骗,这是多么虚荣的幻想啊!因此,我决定不想在政府或者党的机构中为自己谋取角色。再说,我的生涯的大部分时间里,也是以经济专家的身份在工作,我想我有可去的地方,没必要抓住狭窄的政治生涯不放。我把去建立在市场关系之上的资本主义社会一显身手视为刺激的挑战,这也是真的。

我的想法是如何发展到这一步的?以前在谈到没有监督的社会主义计划经济时,我曾提到我想要的是更好的制度,在这种制度中运转着市场监督机制。后来,我对这一想法进行了补充,即还要有反对派和政治选举的机会。与之相匹配的是对规则的尊重,即法律的真正运转,对司法和民主产生的法规的遵守独立于政治权力。我在心里罗列着这些最简单的原则,我们习惯上把它们概括地称作民主。这个时期,我感到

越来越多的人在思考：在这个制度里有监督，有真正的竞争，有真正的可供选择的机会。这自然也使我的想法发生了大的变化。

奥地利或是某个更远的国家是你心中的典范？

没有一个具体的国家能让我将其树立为典范。我当时对外国情况的了解还没有到可以为唯一的范例投下一票的地步。但我设想过理想的国家是什么样子。今天依然如此，仍然没有一个具体的我们想与之作比较的国家，似乎跟着它走一切都会变得完美。绝不会！今天我们在追求的依然是一个幻景。一个好的意义上的幻景，人们怀着这个幻景在尝试着理想的国家是什么样子。因为，真实的情况是，奥地利不是那样，美国也不是。

在多数匈牙利的人脑子里，大致上，奥地利是自由而高福利的国家。富有，但不平等的现象又不太严重，总之幸福的奥地利也还是一种典范，而且近在我们的身边。

不要夸大事实！奥地利之所以在匈牙利人心中一直是"幸福的奥地利"，是因为他们只能到达那里。谁要是到了澳大利亚，谁就可能认为澳大利亚是一个理想的国家，因为澳大利亚是一个和平的、繁荣的、发展均衡的国家。奥地利人的观念和我们接近，是地理上的邻居，因而其模式的特点更容易操作、更容易理解。但对我来说，如果我们想留在欧洲，荷兰至少可被视为典范。

其实，寻找典范的过程非常简单。当一个人小时候形成自己的观点，决定想做什么样的人的时候，假如他的父亲是一个值得尊敬的、正直的人，多数情况下他会把自己的父亲作为榜样的。原因很简单，因为他就在身边，也因为不太了解邻居家的父亲。再说，与奥地利进行比较一点儿也不丢人……

总之，人们都有某种幻景，它是一点一点拼起来的，它是一个不存在的国家、不存在的社会的图景，人们试图用自己的力量和机会以某种方式"绘制"这个图景。比如，在经济中试探如何既保持社会敏感性，同时又建立起真正的竞争状态和真正的市场环境。不管承认与否，我们所有人都愿意朝这个方向前行。

当每个人都在寻找政治意义上的模式的时候,旧的和新的政党如雨后春笋般建立,匈牙利社会主义工人党也不得不面对要不要继续的问题。你为什么认为你在这个党里已别无所求,并且不加入社会党?

一方面,我对这个党的不理解使我情绪紧张。不能忘记的是,卡达尔之类的政治领导人不管犯了多少错误,他们中许多人都是职业政治家。后来在党的内部开始了一个缓慢的侵蚀过程,党内形势变得复杂,一种外行做法就占了上风。

显而易见,匈牙利的社会中要求变革的情绪变成了决定性的情绪。在知识分子中尤其能强烈地感受到这一点。从 20 世纪后半叶起,只要知识分子想改变什么,世界上就会发生真正实质性的变化。可以说,知识分子能够表达普遍性的不满,但知识分子在那几十年里被边缘化,这导致他们变得很敏感。我开始关注那些在制度变化前出现的政党,不难认识到两点:一方面,这些政党成立的目的就是否认社会主义和社会主义工人党;另一方面,许多社会主义工人党的成员之所以感到大张旗鼓地声明效忠这个或那个新团体是重要的,是因为他们不想脱离政治。这一过程的结果是,从前发挥过重要作用的人物,比如比罗·佐尔坦和波日高伊·伊姆雷分别被政治的离心力从民主论坛和社会党中甩了出来。1990 年年中,如我所料,国会选举清楚地证明,多数选民拒绝了以前 40 年的所有罪孽和错误,也拒绝了代表那个制度的政治领导层。我感受到了这个普遍的拒绝情绪。

我也可以像社会主义工人党的许多老领导人那样加入社会党,然而与他们相反的是,我不相信这个新的社会民主党会取得成功。我不知道社会民主党的价值体系在匈牙利有多强。那时,只有自民盟(自由民主联盟。——编者注)勾勒出了可以解释清楚的经济政策的轮廓。贝凯西·拉斯洛还没有制定出自己的纲领,只是在此后第一届国会的末期,他才起草了指导社会党日后取得成功的经济哲学。

假如你问我为何不承担起草这样的经济纲领的重任,那么我坦白

地说,正是在那段时间我有过几次不成功的政治尝试,从而使我确信,离开这个混乱局面会更好一些。当已经能看见事态的发展趋势时,我的观点是,应该尽快宣布进行民主选举,应该给有改革思想的社会民主党人创造洁净的环境,以便与其他政党一起较量。我在1988年的中央委员会上讲了这个想法。我的论点是,过渡期越长越痛苦,社会和经济的损失也越大。推迟选举将使外国的信任减少,匈牙利经济状况也将恶化。

我是会议休息前的最后一位发言者。休息的时候,那些在我看来比较重要的政治家们纷纷来给我祝贺。其中有奥采尔·捷尔吉、内梅特·米克洛什等。所有人都感到,我说出了他们想说的话,他们应该予以支持。后来我们回到了会议室,什么也没有发生,我的想法没有产生实质性的影响。准确地说,只有涅尔什·雷热提到了,他说:"迈杰希说的不对,多点儿时间对我们有利。"

在1988年的党代会上,我又作了一次语重心长的发言。我讲,不管政治如何发生变化,经济的现实都将毫无变化地存在着。当时,我也想说服这个政治团体,不管结局如何,最要紧的是应该举行选举,因为耽误时间对经济和社会都是最不利的。假如我在政治上真的有雄心,也许我就不该说这话。我的党内的同伴们不理解我在解释什么,他们中的绝大多数人还在认为,在接下来的制度里,他们的党仍将取得成功,可以把一切都继续下去,至多只是把做事情的方式稍微改变一下而已。

因此,这些政治上的尝试都是不成功的。假如我解释说,我的一些想法超出了我的年龄,也许不会显得我太狂妄。这种超前也表现在了我后来的政治生涯里,这个话题我们以后再谈吧!

不可否认,从这样的言论里很容易得出结论:对这个迈杰希来说,党的胜利并不重要。在这个处于剧烈变革中的政党里,你不十分受欢迎,对此我不感到惊讶。

的确如此,但对我来说,重要的是要让制度变化迅速地结束,从而使国家可以在一个向上的轨道上启动。后来,匈牙利社会主义工人党解体了,我在想,需要经过许多年才能出现一个重要的匈牙利左派政党。比如,我曾建议内梅特·米克洛什不要加入匈牙利社会党,但也不要阻止其成立。我的论点是,最重要的社会利益是过渡的平稳进行,为此需要一些人在新政府中体现出连续性、了解专业知识、专业化和懂行。我真的认为,我们应该宣布:匈牙利社会主义工人党解体后,站在政府背后的政治力量已经清算了自己,我们是对民族负责的专家政府,它能更好地帮助国家完成过渡,同时履行自己的职责。

我同几名政府成员发表了一份按照这一精神起草的声明,但换来的完全是不理解和拒绝。比如党的一把手涅尔什·雷热就急匆匆地宣布,这是完全没有意义的、过时的、不正确的想法。霍恩·久洛的措辞更激烈,他认为这完全是一派胡言。内梅特·米克洛什则把政府是社会党的政府变成毫无争议的事实(说真的,不出三个月他的观点就变了,他说的话实际上和我说的一样。他说,这不是与政党有牵连的政府,它首先是对国会和民族负责)。

有了这些前因,就形成了一个决定:与其从政,不如去私营部门获取成功,并在那里帮助外资选择我们的祖国,让外资在这里发展,并把资金带进来。

你在前面提到你在加入社会主义工人党之前曾做过思想斗争,即:这一步是否正确? 或者应该远离政治? 你所取得的成就和争取来的改革证明,这个决定是正确的。比这更大的困惑是:可否置身社会党之外,而时不时又站在左派的立场谈论政治?

我决定加入匈牙利社会主义工人党,是因为社会需要变革,而这种变革只能从社会内部去实现,当时的逻辑很简单——因为没有别的政党存在。因而,我实际上要做的决定是,我是否相信激进的、革命的解决办法,因为那样的话我就应该加入反对派,或者不要冒这种险,而是应该从社会内部去拆散、改造和塑造这个制度,使它变得人性化和适合生存。

第四章　制度变化的迹象和制度变化的开始

要取得成就,就要在匈牙利社会主义工人党这个现有的、唯一的政党里做点什么,这是合乎逻辑的。但这种想法是幼稚的,因为超越了一定的界限就无法继续改革现有的制度了,需要有另外一个制度,而另外一个制度的出现需要时间!

然而,在制度发生改变之时情况有所不同了。混乱繁多的党派并存代替了一党制。完全不同的政党的出现了:自由党、社会民主党、保守党、小农党、民族主义政党、国家党和别的政党。在这种情况下,人们比较难以判断,与其理想相比,这个或者那个——尚未成熟的党——符合自己的想法。

人自然是可以作出妥协的,在人生的道路上必须无数次地作出妥协。我也妥协过好多次。那么,在这件事情上,我为何思考哪一个政党与我的理想最接近呢? 最主要的和最符合逻辑的是,我应加入与社会民主党接近的社会党,这一点我是清楚的。

但在 20 世纪 80 年代末,当匈牙利社会主义工人党解散的时候,我决定假如不能百分之百地确知:我能认同那里所有的一切,认同那些我应该与之为许多目标而一起工作的人们,我不再加入任何政党。我环顾四周,居然没有发现一个这样的政党。要么是它们的思想与我相去甚远,要么是这些政党的领导人不对我的胃口。

而你的多数老同事都加入了这个政党。

是的。

或许正是因为这个? 正是这个阻止了你?

也许,起了一点阻止作用的还有,正如这些老同事对我也知道得太多一样,我对于他们也知道得太多。我并不是想说,只有我才有权力批评别人。我也遭到了别人的抨击。事实是,我们许多人都做出了许多种决定,一部分被证明是经过了深思熟虑,另一部分则是草率的、没有前景的。比如,波日高伊·伊姆雷就参加过不同的政党和派别,我也可以在这里列举更多不太有名的人物,他们在制度变化的瞬间不能作出最终的决定。

实质是,在这个新的历史时期,从党外进行观察更适合我的善于思考的个性。这个问题实际上只是在我接受社会党总理提名时又一次被提了出来。

我们别讲得这么快!暂时停留在1990年吧,那时一切都尘埃落定,可你却隐身而退。或许还有一个因素在这个决定中发挥了作用,即应该给获胜者、给新人把地盘让出来?或许你受良心的责备,因为你也曾是党国的领导人?

我没有任何理由受良心上的责备。更多的是一种非常理性的思考使我作出了这一决定。我是前政权的参与者,人们想去改变它,终止它。当人心思变的时候,人们就会扫除旧的,这与旧的对新的形成起了多大的帮助作用是没有关系的。我再次强调,我认为这是波日高伊·伊姆雷和内梅特·米克洛什犯的大错误。因为他们相信:由于他们帮助推动了制度的转变,会有人感激他们的。我不相信这个。我认为,有一个自然的领悟,或者说消化的时间。我说的不是遗忘的时间,因为这种说法的确不太好,再说人们也不是白痴,他们不会遗忘,只会去思考、领悟和消化。

最终的事实是,在新的制度里旧的——匈牙利社会主义工人党内部的——派别中只有那些真正帮助推动制度转变的派别才有民主合法性。这样,匈牙利社会党才可成为新制度中的一个要素。

不错,但那时党的政策处于极度混乱之中,许多人不相信社会党会有什么前途。当然也有例外!1990年夏天,内梅特政府辞职后,当时的农业部长在沃伊道胡尼奥德城堡,即农业博物馆组织了一个告别晚宴。那是一个非常愉快的夜晚,绝大多数人从近几个月极度的紧张中解脱了出来。一边饮酒一边交谈。我和当时的国家计划局主席凯迈奈什·埃尔诺、原工业部长霍尔瓦特·费伦茨以及霍恩·久洛坐在一张桌子旁边。有一段时间,波日高伊·伊姆雷也是我们的桌友,但我们彼此不太理解。他谈政治时思绪纷乱,对我们来说是看不透的。也许正因为这个,他在哪儿都没能找到真正的归宿,包括民主论坛、社会党、政

第四章 制度变化的迹象和制度变化的开始

府和反对党(肯定会有分析人员将把波日高伊所走过的路搞明白,一直到 2006 年青民盟在准备国会选举时找到他为止)。

回到告别晚宴上:当剩下我们四个人的时候,霍恩·久洛不只是因为喝了几杯葡萄酒才兴奋地说:"你们看见了,我现在把主导权掌握在了自己手里,我们来建设一个非常好的社会党,然后将赢得下届选举。"每个人听后大笑不止。1990 年,说社会党将要在什么选举中获胜,似乎只是一个梦。预言家认为,社会党永远失去了这个机会。当然,今天我们都已经知道了:在社会党的抗冲击能力、无可争议的专业背景之外,领导了制度转变后首届政府的民主论坛也起了不小的作用,这使得霍恩·久洛的所有预言在四年后变成了现实! 这让我们大为吃惊。

从你这方面来说,不加入社会党,不立即在党的机构里发挥顾问作用,是现实的决定。但 1990 年发生在你身上的事情又不单单是这些。那一年,实际上你的生活在各方面都发生了变化:你离开了政治,再婚,在一个全新的领域开始工作。你如何有能力做到这些?

有一段时间没有讲到我的私生活了,在这里也许值得讲一下。到了制度转变的时候,我的子女都已是成年人了。我女儿的第一个儿子快要出生了,我的儿子盖尔格还是巴黎索邦大学的学生。制度转变在新闻界也带来了许多变化,我的妻子离开了《时尚》杂志主编的位置,返回到轻工业领域搞经济。

这时,我遭遇了一段新爱情,它改变了许多我对世界的看法,给了我许多激励,使我变得更开放,简单地说,它使我更幸福。

一个人的重生需要许多东西。一段新爱情却可能是所有变化的始与终。它帮助我以不同的方式看待周围的人,经历攻击和磨炼。当我离婚与新婚的消息传出后,我和我的新妻子一起成了一份肮脏小报的话题。起先我非常生气,但最后幽默占了上风。我给编辑部写了一封信,对编辑部以这种方式公开我们的婚姻表示感谢。我感谢编辑部为我节省了许多钱,因为假如要登广告把这个喜讯告诉我的熟人的话,广告版面得花上数百万。最后,我要求更正我妻子的年龄,因为她比报纸上写的年轻一岁,女人到了这个年龄一定会对年龄敏感。我的信在报纸刊登了,而且加了一句评论:假如我失业了,我可以来找他们。后来这个报纸再也没有公开羞辱我们。

　　我的妻子在我最美好和最艰难的瞬间帮了我,因为我学到了:人生中失败和烦恼是难以承受的,但比这更难的是聪明地获取成功。

第五章

在私营部门获得的一点教训

在安托尔政府执政期间,你在私营部门找到了工作,也找到了专业上的挑战。后来,与你在制度转变时谈到的担忧相反,不仅——多数情况下并非首先——因为你在卡达尔主政期间发挥的作用,而且由于你的银行家经历而多次受到攻击。2002 年你当上了总理,反对党一连好几个月一直在谈论"银行家政府"这个话题。你在巴黎银行和其他两个银行工作的几年在你的人生中占据什么样的位置?

我坚信,第一个银行也就是巴黎银行,以及后来的匈牙利投资与开发银行和英特欧洲银行是我人生的重要组成部分,但从我的政治前途角度讲的确没有太大意义。那么作为年轻的、卡达尔主政晚期的受宠者之一,我所取得的成就究竟能否为我在另一个世界即竞争领域站稳脚跟提供足够的基础呢? 从这个角度讲,每一个银行——尤其是第一个银行——都是挑战。我不是受宠者,而是一个无依无靠的人,要往前走,做任何事情都必须为之奋斗。

从迄今讲述的情况可以看出,一直到 1990 年,我的道路都是非常平坦的。回首往事,我的人生是"无聊的",因为 1966 年我作为刚毕业的经济专业的大学生进入财政部,1987 年作为副总理离开那里。这是

一段清晰的人生历程,我在那里走过了每一级台阶,遇见了许多人,坚守住了自己的位置。但这是财政部,是国家行政单位,不是市场!我的副总理职位也不是真正的政治职位,因而在那里也不需要特别的竞争,因为我在那里首先是利用自己在经济上的经验,我将政治看作次要的东西。

到了 1990 年,与这个舒适的——因为是很了解的、可以看透的——环境相反,我必须在当时一点儿都不熟悉的银行的世界里、在市场上站稳脚跟。从我个人的发展角度讲,这个挑战具有非常重要的意义。作为一家法国银行设在匈牙利的机构的领导,我要参与私有化进程,帮助投资——这是艰巨的任务。这期间,我从不孤单,因为遇到困难时我可以依赖我的熟人和朋友。法国巴黎银行的领导人找到我说,我的一位生活在法国的老熟人知道我不想继续搞政治,我在找工作。

在霍恩政府执政的前半期,我做了一家国家银行的董事长兼总经理。这又是一个艰巨的任务。在我接手匈牙利投资与开发银行后,我必须整顿秩序,因为那里的局面混乱不堪。这需要领导人的能力,因为必须要让员工们习惯纪律,习惯不能浪费,应该作出好的决策而且要为决策承担责任。

后来,在我第二次当了财政部长之后,来了一家意大利银行,叫英特尔欧洲银行,在这家银行里我担任没有实权的董事长,但在把这家小银行建设成为中等规模的匈牙利企业方面我还是发挥了重要作用。

这些都是非常刺激的挑战。每天我都会碰到真正的经济问题,我了解了公司内部的生活,学会了如何思考,如何作出决策,一个银行在就某一问题作出决策之前要从什么角度去思考。在法国和意大利银行,我体验到我是在什么样的竞争环境下站稳脚跟的。对我来说,参加2002 年国会选举也是相似的挑战。当时我首先思考的就是:面对一个相对年轻的、有获胜优势的团队,我有没有能力,能不能和社会党一起赢得选举?

以前你是作为宏观经济专家工作的,思考的层面完全不一样。对于一个银行领导人来说这是优势吗?

毋庸置疑,这是优势。根据我以前的经验,我总能准确地理解国家根据什么样的逻辑制定企业和银行运作的法规。我理解并能给我的同事解释事情的逻辑。

一段时间后,是不是这样的任务就不是挑战了?

不是那么大的挑战了。当然,这就像一个人想找新妻子一样。之所以走这一步,未必是因为第一个妻子不好,而完全是因为随着时间的推移他有了别的需求,世界在他的周围变开阔了,他的思维方式变了。银行的世界满足了我,它非常有意思,我学到了非常多的东西,但一段时间后,它真的对我已经不意味着挑战了,让我能兴奋起来的已经是别的事情了。

我注意到你周期性地回去做银行家,在担任了总理这一政治角色之后,你又该回到这个领域了。它已经不令你兴奋了吗?

我决定,在这之后我不会再在这方面找事情做了。在商业的世界里,我已经有了背景和知名度,在此基础上我会在经济和国际政治领域为自己找到有意义的事情做。我长时间观察今天的政治家们,这些先生们和女士们不能靠别的手段,只能靠出卖自己的政治观点而生存。在好的和坏的意义上均如此。他们不是优秀的演员,不是优秀的经济学家,不是银行家,只是简简单单的政治家。人们对这个行当也不是非常地看重!与此相反,我总是有可去之处,这使我的生活变得容易了。

应该知道的是,过了一定的年龄,人的兴趣和爱好就会发生变化。如果一个人63岁了,那么商业银行的经纪人就已经不是他应该做的行当了。要准确地知道,什么样的思维方式与哪一个年龄段相配。

我们再回到你最初的决定上:1990年你决定退出政坛。走出这一步需要有更全面的、更详细的解释!我们看到了,你在和平的过渡中发挥了多么重要的作用。连比你功劳小的政治家们都相信,在制度转变之后的匈牙利也可能有他们的位置和角色。你为何认为,这段经历不足以使你继续在仕途上走下去?

　　我准确地看到,在改革中发挥的作用本身不足以有合法性。在你的眼中可能足够了,但在舆论的眼中不是那样的。不管我们愿不愿意,必须接受的是,在这件事情上公众的价值判断起决定作用。我认为我对制度的变化起了帮助作用是合法的,这是徒然。我敏锐地感觉到:在公众的眼中这还不够。我清楚地看到:需要有一个领会、消化的过程,最终人们会对发生的事情进行彻底思考,面对新制度带来的东西,他们会恍然大悟:新制度也有风险,也有阴暗面。随着时间的推移,他们的生活自然也在发生变化,他们会发现新的世界也不是那么容易实现的。

　　当人们认识到这一点的时候,他们也许会想到:这个迈杰希就在眼前,如同我们一样,他既是新制度的创造者,同时也被新制度改变。我相信,10年过后人们会对自己提出一些与我有关的问题:迈杰希知不知道我们会有什么样的未来? 在制度转变的过程中他是否真的对和平转变提供过很多帮助? 那时以及后来,他的行为举止是否得体? 但要回答这些问题,是需要有一段时间的。因此,我在20世纪90年代初隐退并不再担任任何政治职务是非常有意识的决定。

　　你是什么时候感觉到这个领会和消化的过程结束了呢?

　　过了一两年,我就感觉到人们在遇见我时不躲避了。比如,当我去豪伊杜索博斯洛的游泳池时,从人们的举止上我感觉到他们很高兴见到我,而这不仅仅是见到一张熟悉的面孔时表现出的礼貌。这不但表明,从电视里认识的这个人是可以接触的,而且还包含了一层意思,即他们看到这张面孔时心情是愉快的。在泳池里,人们一个接一个地来到我的身边,从前的农业合作社的农业专家和当地学校的教师坐到了我的身边,因为他们想同我交谈,他们对我的想法感兴趣。谈话中间我注意着他们对我是否有偏见。我突然发现,即使有偏见,也是正面的偏见,而且带着非中立的淳朴的好奇心。

　　那时人们大致已经能面对一个事实,即市场经济和民主比他们想象的更残酷。起先包括我在内的每个人心中对未来都有一个"理想的图景"——正如我在前面所讲:我们心里有一个好的意义上的幻景。

而现实却很难去实现这个图景,甚至与它的差距越来越大。从 1992 年末和 1993 年年初起,我越来越强烈地感受到,人们对过去和对现在的评价开始发生转变。当然,他们对充满期待的不远的未来的态度也在变化之中。

然而,对这些信号的理解也许还不足以使我回归政坛! 我不否认,在非常不顺心的时候,总会有某事把我带回政坛。2001 年我接受总理提名时,这就成为具有决定性的因素。

从来没有不顺心啊! 这只是幻想。准确地说:为何要不顺心到把你带回政坛的地步?

等一下! 安托尔之类的政府使我感到忧虑的并非是它没有诚信,也不是安托尔·约瑟夫不深信民主,而是政府所做的事情散发着樟脑丸的味道。他们似乎是想把 20 世纪 30 年代保守的匈牙利从柜子里拿出来。我当时就说:我倒是非常喜欢一个现代的世界、现代的资本主义、真正的竞争环境,它不是 20 世纪 30 年代的匈牙利,而是今天的欧洲。

其他人也这样看待国家的状况,很大程度上是民主论坛政府的失误导致了 1994 年的人心思变。

你指的是政治上的还是经济上的失误?

两者都有,但我认为经济上的失误更具决定性。这些失误导致人们在四年后说:制度转变之前的最后一届政府里,有更聪明的专家,他们作出了许多具有前瞻性的决定。这些领导人如今在哪里? 他们环顾四周,发现他们中的大多数都在社会党的周围工作,他们或者是真正的社会党成员,或者是社会党的支持者。顺便说一句——正如我所提到过的——贝凯西就是在这个时候起草了党的新经济纲领,它为如何走出过去四年的困境指明了出路。

因为最大的错误是,安托尔政府的经济政策很业余。人们对制度转变的兴奋消失后,开始亲身体验其后果。诚实但却业余的领导人在领导经济。首先是第一任财政部长劳巴尔·费伦茨,他后来在接受

《说话者》杂志采访时非常准确地承认：他根本就不知道当财政部长意味着什么，应该如何去领导这个机构，如何在国外代表国家。读到这里，我感到非常震惊。

下任财政部长库保·米哈伊当然不业余，甚至还很专业！他是一个非常有能力的、知识渊博的财政专家，我比较喜欢他。他与我志趣相投，而且也熟悉财政部的每个角落。只是他把经济政策变成了日常政治利益的附属品，这造成了经济上毁灭性的局面。最后他承担了责任——走人了。那届政府的第三任财政部长是绍博·伊万。他是个非常诚实的好人，但他本人认为自己不是十分了解财政问题。他出于义务而工作，尽管学了很多，但不可能成为一名内行的财政部长。

因此，我认为，这届政府在整个执政期间的特点就是不专业，我们不得不为此付出代价，因为到了1994年夏秋之时经济已陷入毁灭性状态。

作为法国私人银行的匈牙利领导人——远离政治——你在那几年从中看到了什么？

应该看到，在制度转变后的那几年，一小部分人变得非常富有，但数百万人的生活却越来越糟。1990年，每个人都期待着：除了自由，真正的福利也能马上到来；经济——摆脱了计划经济的束缚——将开始腾飞；人们将生活在和平的康乐之中。在第一次国会选举之前以及选举后新政府运作的开始阶段，所有的许诺都使人联想到这幅未来的景象。然而，现实与这些梦想的反差很大。今天已经可以看清，从那时起许诺一直伴随着匈牙利的国内政治，时不时对普通人和政治家之间的关系产生很大的损害。国内的政党总在犯同一个错误，即为了得到权力向选民许诺财富、社会福利和平安，而他们没有能力实现这些许诺。具有讽刺意味的是，很多时候他们根本就没有意愿去实现它们。因为这一点，我在2002年执政后，就想用不同的方式从事政治活动。

真实的情况是，即使在1990—1994年，更有才能的政府和更有才能的政治领导人在执政，也同样不能满足人们的期待。那四年在经济领域发生的事情丝毫不会降低安托尔·约瑟夫在制度转变中的功绩。只是我今天依然在想：他的心胸没有开阔到接受送上门的帮助的地步，也没有看到经济上的问题有多么严重。请让我讲一个从前的例子。1989年我在国外的多个地方都体验到：反对党的领导人们想尽一切办法，为的就是打消国际伙伴对内梅特政府的信任。他们的基本立场是：国内局势越糟，对他们就越有利。我一直认为这是不负责任的行为！于是，我召集成立不久的各政党的领导人谈话，我想向他们解释，内梅特政府无意阻止一个历史进程，也不想阻挠制度的转变，他的意愿是：把国家以最能被人接受的状态交给自由选举产生的新政府。

在这次谈话中，毛焦尔·巴林特、佩特·伊万代表自民盟，安托尔·约瑟夫、博德·彼得·阿科什什代表民主论坛，凯赖什泰什·山多尔代表基督教民主人民党，但谁代表小农党我已经不记得了。然而，我印象非常深刻的是，安托尔·约瑟夫根本就不想理解我讲的经济问题。他讲完自己的观点，往椅子上一靠，就不参与后面的谈话了。

让我再简短地讲一讲另一次奇怪的会晤吧！1990年初，法国总统弗朗索瓦·密特朗访问匈牙利。当时，民主论坛在即将到来的选举中，实际上被认为是最被人们接受的可能的获胜者。内梅特·米克洛什说他生病了，这样我就必须去和密特朗进行正式会谈。会谈持续了很长时间，而且变成了非常愉快的交谈，我们用他的母语交流，这自然成了这次会谈的基调。在回答了他最初的几个问题后，我也开始就法国的对外关系和欧洲问题提出了自己的问题。他非常开心，花了好多时间热情地描绘即将到来的现代欧洲的景象。

我也非常欣赏他的谈话，但当时有点儿困惑的是，一名穿制服的武官过了一段时间后反复地而且越来越紧张地走进来，对着他的耳朵悄声嘀咕着什么。最后，密特朗中止了谈话，在向外走的途中我才恍然大悟，原来由于我的缘故，密特朗让未来的总理人选安托尔·约瑟夫久等了。显然他认为这是不合理的，他这么想并非毫无道理。我敢肯定，密特朗也不想伤害安托尔·约瑟夫，他只是找到了一个愉快的谈话伙伴

而已,他谈得津津有味,也很愉快。我压根儿就没想伤害未来的总理,更不知道他就在门外等着。

从本质上讲,我们之间的关系没有发展好,后来我们也没有再见面,不过我从外部对重要事件进行了观察。我过去形成的观点现在也没有改变:他所处的形势是艰难的,但他领导的政府没有拿出好的成绩来。

我要补充的是,今天我比从前更尊敬他。我那时就发现,他是非常诚实、正直的人。今天我已经知道,他作为政治家的伟大之处表现在什么地方。他想让整个国家在思维方式、欧洲属性的普及以及接近欧洲方面发生真正的变化。他有能力对极端势力采取措施,做到了让那些把民主论坛引向极右方向的人离开这个党。从那时到现在,我也只是在法国找到了这方面的例子:法国右翼政党有能力对让-玛丽·勒庞说,在自治政府的选举中我将不和你合作,因为你与我的原则相反。

安托尔·约瑟夫的人品是优秀的,他应该得到人们的极大尊敬。我还没有讲的是,以他的健康状况他是如何度过那个艰难的执政时期的。我认为,他的伟大、他的忠于职守、他的坚持不懈、他的坚定、他的意图都堪称楷模。

然而,关于他的政策,我还是坚持以前的观点。我认为他的政策是过时的,这一看法至今未变。但不管怎么说,国家的过渡正常地、以欧洲的方式完成了,他在这中间发挥了决定性作用。

第六章

重 返 政 坛

　　两年后，就已经可以看清了，那届政府在 1994 年后不可能继续执政，但从这里还不能自动地得出你返回政坛的结论。什么样的认识使你开始接近社会党，或许可以说，是他们开始越来越频繁地跟你接触？

　　我的那个信念回来了，即可以做不同的事情了。从对比中就可以推出这一点。截然对立的观点不仅可以在国内，而且可以在欧洲和世界上感觉到。我看到任何事情都有其对立面：一个现代化的或过时的右翼政党也有其对立面，这就是现代化的左翼政党或过时的左翼政党。在整个欧洲都可以观察到，20 世纪 90 年代中期左翼政党开始变得强大起来。用现代思想武装起来的左翼政党先是在法国出现，后来又在英国和德国出现。有一个越来越强烈的信念在我心中形成，即可以也应该以某种方式加入到这个潮流中去。在国内，一直到 1992 年，还看不出社会党是一个有性格的政党，但大约到 1993 年就已经变得很清楚了，它的国会议员是非常博学的政治家，他们与政府的争论很激烈。其直接结果是，他们的专家形象开始显现。

　　我的内心是清醒的，时机到了，我们已经度过了理解期，准确地说是匈牙利的社会度过了这个时期。我看到了左翼再次执政的可能性。

走在仕途上的公民

这个感觉和这些想法当然是逐渐形成的。我同霍恩·久洛太熟悉了，因为我们曾在一个政府里共过事。1990年我对未来还是那样的不抱希望，以至于嘲笑社会党对革新和在下届国会选举中获胜的信念，而三年后连我也开始相信了。这期间，我们的关系没有中断，因为在我们的老同事和朋友那里几乎经常见面。起作用的还有，霍恩·久洛越来越频繁地征求我的意见，他有一个小圈子，他经常要与这个圈子的成员商谈。他采用了我们的一部分想法，这是他的习惯性做法。在霍恩·久洛建立的顾问班子里，有《人民自由报》的米克洛什·加博尔、心理学家齐豪·尤迪特和波佩尔·彼得罗、厄特沃什·罗兰大学法学院院长雷韦斯·蒂·米哈伊、经济学家安焦尔·阿达姆，有时还有贝凯西·拉斯洛和豪伊杜·亚诺什。许多次我们坐下来一起交谈，这种交谈非常有用和有趣。我尤其享受这种谈话的乐趣，因为我那时远离政治已有好几年了，但我有一种对匈牙利的发展进程发表看法的需求。一段时间之后这种谈话就停止了，其根本原因是，霍恩·久洛不能忍受与他不同的观点。因为这个团体的大部分人都很有自己的思想，我们的看法不总是与霍恩一致，这就导致后来邀请减少，谈话也最终停止。

霍恩·久洛作为社会党的领导人，做了大量的工作。通过一场非常艰难的、非常有文化的、基本上是积极的反对党的竞选运动，社会党在1994年赢得了国会选举。霍恩当上了总理。我认为，他最主要的功绩正是他的狂热，他认为社会党必须在这次选举中获胜，即使不为别的，也必须要为与安托尔政府不同的搞政治的方式而获胜。除此之外，久洛很会用大众的语言说话，特别是他会非常成功地对所谓的"普通人"讲话。毫无争议，他为赢得1994年国会选举发挥了决定性作用。

霍恩政府成立时，你也感觉到你应该再次担任角色。

是的，我差不多快当首届社会党政府的部长了。之所以说是差不多，是因为霍恩不想与党内实权派发生冲突。20世纪90年代我不是国会议员，也不是社会党党员。尽管如此，我坚持我的决定，即从1993年起在许多事情上我是霍恩·久洛的顾问，为了他的竞选活动顺利进行,我付出了许多时间和精力。但党的领导层认为,迈杰希不是我们的人,他远离我们。

社会党赢得选举后,很清楚的一点是,财政部长的职位已经有人了,因为贝凯西不仅是顾问圈里的人,而且是他起草了党的经济纲领。他属于社会党上层人物,因此根本无人提及别人也可以当财政部长这个话题。

我想许多人都知道一个故事,但我还是要讲一下。我和妻子开车去维也纳,我的手机铃声响了,是霍恩·久洛,他当时已被提名当总理,他说:彼得,我想让你参加政府的工作,你当工商业部部长。起先我当然回答说,这不是我熟悉的领域,我当过财政部长,懂财政,对这个领域不太懂。此后,久洛就用他习惯性的咄咄逼人的口气连说了数十次,说这个职位为什么对我好,为什么我将因此而感到真正的快乐。

我让他给我一点思考的时间,并说明天我给他打电话。又来催我,我们谈好当天晚上我给他打电话。一整天,我都在考虑这件事,最后我说服了自己:我有帮助左派的愿望,另外这是严峻的挑战,这是有趣的事情,在新的领域我也可以施展自己的才能。我尝试过私营部门,坚守住了自己的位置,为自己创造了一种新的生存方式,但与当法国银行在匈牙利的董事长相比,这是更重大的任务。我的妻子不想让我承担这份工作,因为她知道这意味着我们宁静生活的结束,但最后我还是告诉霍恩·久洛,我决定当这个部长。

我对被任命做部长在做着心理上的准备,我解除了同巴黎银行的合同,政府名单宣布的那一天,我去了游泳池(有意思的是,在我的人生中游泳池是一个反复出现的主题,在与欧尔班辩论前,我也去了游泳池,游泳之后好好地睡了一觉。我遇见的人不相信他们的眼睛,惊奇地问道:"欧尔班和迈杰希的辩论难道不是今天举行吗?""没错,是今天。"我回答道。"那你在这里干什么?""啊,睡它一觉。"我回答道。参加这样的辩论,精神饱满、平静和迷人的风度比研究统计数据起的作用更大一些。再说,统计数据我也非常了解)。总之,宣布霍恩政府的名单那天，我也去痛快地游了一次泳，然后坐进小轿车回家。当我的电话铃声响的时候，我妻子问："你听广播了吗？""当然没有。"我回答道，因为我去游泳了。她又问："你知道谁是新工业部长吗？""当然知道，"我回答说，"是我。""喏，你看，你大错特错。"我的妻子说："工业部长是帕尔·拉斯洛。"

我如此简单而又突然地获悉，我不是新政府的成员。自然，整个周末我都在等一个电话，我的手机开着，久洛也知道我家的电话号码。接下来的星期一早晨他才打来电话。他在等着我冷静下来，他说他提出了建议，但党的主席团采取了惯常的做法。他们说："这个迈杰希是什么人？在过去的四年里他没有和我们一起共患难。为什么不是帕尔·劳茨（帕尔·拉斯洛的昵称。——译者注）？他可是好同志啊！"帕尔的确是好同志。说真的，他这个部长当得不错。但霍恩已经把这个位置许诺给了我，他不仅没有遵守诺言，还使我陷入尴尬的境地。我非常生他的气。今天我依然在想，这件事他应该早一点同党的主席团沟通。

他说他很遗憾，他做了能做的一切，这是真的，但我依然难于接受。他知道这件事不能就此作罢，因此他立即提出三个建议，并认为这是我可以去做的。第一个建议是让我去巴黎当大使，第二个是让我当国家私有化和财产管理公司的董事长，第三个是担任匈牙利投资与开发银行董事长兼总经理。我妻子不想去巴黎，国家私有化和财产管理公司不是我渴望去的地方，而我在想，开发银行与经济政策和宏观经济比较近，这些才是我喜欢的东西，于是我选择了这家银行。

事后关于这件事我想了很多，我认为不能排除霍恩当初请我当部长时已料到日后同贝凯西·拉斯洛的冲突会加深，他寄希望于我是一个懂财政的砝码和他的同盟者。到那年秋天，他同贝凯西的矛盾明显日渐激化。可以肯定，当他决定成立顾问班子时，他也是寻找支持者，他请我当顾问班子的领导。顾问班子最终解散，因为显然总理更愿意把它用作公关，而不是真正的商谈。

但霍恩同你的关系未断，每次在他准备换部长时，都提到你的名字。

啊,那是当然的,因为他同贝凯西的冲突越来越多。人们的感觉是,这两个人都认为对方不称职,或者出于害怕失去权力,或者正是出于对权力的渴望,谁也不能明讲出来。然而事实是,在他们之间没有形成必不可少的合作意愿。我认为,这不光是八个月里匈牙利经济状况没有发生任何实质性改善的原因。大家都知道,贝凯西能起草优秀的理论,他讲话有条理,思路清晰。1992—1993 年,他起草的社会党的纲领合乎逻辑,能被人接受。他担任部长的工作实践证明,作为反对党宣布一个设想,然后将其上升为政府纲领是不够的,还必须去实施。这时候,个人的感情或友谊已起不了决定作用。在政治上,即使是对付自己党内的伙伴,也需要强硬、灵活、适当的狡诈、专业上的坚持、组织能力和盟友。缺少这些,一个纲领是不可能在实践中实现的。

贝凯西是第一个离开霍恩政府的人,但这时,不是你而是博克罗什·拉约什当了财政部长。

霍恩首先找的是我,当时我正在达沃斯参加每年一度的国际经济会议。20 世纪 90 年代,在所有的经济会议中,这个世界经济会议最有名气,世界政治的决定性人物、最大企业的领袖和世界最知名的经济学家在这里相聚。顺便说一句,匈牙利同达沃斯的关系始于党的总书记格罗斯·卡罗伊 1989 年为了显示开放而访问这个论坛。后来,政府受到了邀请,再后来我也有幸单独接到邀请。

我先是于 1988 年参加了一个由达沃斯论坛组织的一个活动,但那不是在达沃斯,而是在另一个瑞士城市举行的。1990 年年初,我第一次去世界经济论坛,它最大的功绩在于它为政治家、商人和思想家提供了真诚的谈话机会。它不是讲给新闻媒体听的,而是关注真正的问题,整个会议有私密的一面,解决问题的意愿是显而易见的。它实际上为人们与每一个世界经济界的重要人物相见提供了很好的机会,可以与他们交谈,可以了解其他的思维方式。

达沃斯的重要性今天已减弱了很多,奇怪的是,其原因正是它在某

些圈子里变得太重要了。一段时间之后,警戒线把整个城市与外界隔绝,因为有许多重要的领导人出席活动,为了他们的安全必须采取一切措施。再者,这些头号人物并不想参加深入的谈话,他们只是想在现场向新闻媒体发表声明,以便告诉世界他们在这里。与此同时,重要人物的妻子们也争着抢着参加与论坛相关的接待活动,这样整个小城就变成了一个巨大的貂皮大衣的展示会,而这与会议的初衷——分析世界经济和寻求解决办法——已经没有任何关系了。

达沃斯本是一个了不起的想法,要是能回归到原先的聚会制度该多好啊,但今天它已经超越了自身。因此在我当总理期间,我认为去那里已经不是非常重要了。我的感觉是,这个论坛已经首先成为一个橱窗,而不是真正对话的场所。

回到贝凯西辞职的时间上,1995年这个论坛为我提供的机会还是非常重要的,但更为重要的是——作为原社会主义国家的代表中唯一的一位——我被选入会议组委会旁边的顾问机构。在这个瑞士小城,正当我感觉非常愉快之时,电话铃声响了。这之前,我当然已经知道了国内的消息,据说霍恩在一个电视节目里几乎要宣布我是财政部长人选。

我又一次面对别人比我更快地知道了他的意图,但我并不是因为这个才拒绝他的请求的。我对他说:"久洛,假如九个月前我没有获得政治上的支持,那么你认为现在对我的支持为什么变强了呢?当时党说不需要我,而现在的真实情况是,我没有太多的兴趣,我对党不信任。"我们的谈话就此结束。回绝是有一点冒险的,因为匈牙利投资与开发银行还是一家国有银行,间接地由总理监管,但霍恩没想让我走人。只是随后出现了几个月的关系冷淡。我们不交谈,不见面,这段时间过后,他越来越多地打电话找我,要同我谈这谈那。

后来,有了所谓的博克罗什计划,在实施过程中总理和财政部长之间的冲突尖锐化。博克罗什不受人欢迎,总理也承受了压力。有一段时间需要博克罗什有大象一样的风格,但在完成任务之后,就难以想象再让他变成其他的风格：寻求一致、利益协调、谈判和对话。这不是他的风格。我认为，博克罗什所做的事情是值得人尊敬的，也是必须要去做的。他展示了极大的勇气和专业上的知识，他所采取的措施是使匈牙利经济迅速走出谷底所需要的。同时，有一点是肯定的，在这之后的巩固时期，我用其他的风格继续做他开始做的事情，这不失为好办法。

这时，霍恩又给你打电话了吗？

没这么简单！博克罗什离开财政部长的位置后，首先是亚劳伊·日格蒙德得到了担任财政部长的邀请，实际上他也答应了，他回答说："好吧，假如你们没有找到更好的人选的话。"也许，他今天已经不愿意去回忆这个瞬间了，但这是事实……只是霍恩的秘密设想依然是想把我拉到政府里，但遭到我在达沃斯的回绝后，他完全有理由担心我再次说不。在与党的领导层举行的协调会上，他们试图寻找继任者，好多名字被否决之后，有人喊道："有更好的——迈杰希！"但久洛表面上显得犹豫不决，我认为他是幕后的操纵者。

最后，科瓦奇·拉斯洛自告奋勇来软化我的立场。当他告诉我有人喊"有更好的"时，它使我相信我的身后现在已经有了足够的政治支持。当然，我还是没有答应，尽管科瓦奇可能已经看出，我的抵抗已经崩溃。因此在此后的两天里，我的电话一直响个不停，社会党和自民盟的领导层、昆采·加博尔、毛焦尔·巴林特等人纷纷来说服我，让我承担财政部长的职务。由于联合政府的意愿如此清楚，最后我答应了。

假如有人断言：领导财政工作对我已经变容易了，因为博克罗什已经作出了艰难的决定，完成了艰巨的工作。我要提醒此人注意，工作是同样的艰难，如果在准和平时期始终如一地坚持一个严格的紧缩政策不是更复杂的任务的话。除此之外，还必须实施一些改革措施，因为比如不能继续拖延养老保险制度的改革，如果我们不想让整个养老保险制度的资金供应轰然崩溃的话。

从那以后，这个国家没有迈出类似的大的改革步伐，而在其他领域也是迫切需要这样的改革的。

第六章 重返政坛

87

是的,这是最近的 15 年中大的分配体系里唯一成功实施的改革。对于继续改革养老保险制度,我没有争议,因为匈牙利的社会——与欧洲和发达世界的其他国家相似——越来越"老化",但当时在这个领域能做到的,我们都做了！实施这项改革必须要做到的是,在转轨期要使那些支付了许多年养老保险费,并打算相对年轻就退休的人没有受到伤害(解决好过渡问题也将是医疗改革的基本问题！不能说从明天开始你要为某些额外的服务单独付费。拿什么付？为什么？以何种方式？那些允许自己这么做的人是谁？而那些不能这么做的人又怎么办？做好这项准备工作是巨大的任务)。

改革实施还不到 10 年,但现在可以看到,继续改革的时间已经到来。应该向什么方向改？

自 1997 年改革以来,匈牙利的养老保险体系中有一个以互助为基础的养老保险和一个以资本为基础的养老保险,这两者都属于强制性的保险,还有一个以资本为基础的但却可以自愿选择的养老保险。实际上这在世界上许多地方都是为人熟知的。谈论建立其他的支柱是完全可笑的,那只可能对证券交易所有好处,但解决不了问题。长期的解决办法依然是,提高存入私营养老保险基金的保险费的比例,一方面靠强制,另一方面靠激励。当然,必须加强对私营养老保险基金运作的监管,对于这些基金能取得什么样的成果也要进行比现在更为准确的审查,但这还不够。最有力的措施只能是继续提高退休年龄。

因此这些是非常大刀阔斧的措施。

这是真的。

私营养老保险基金存款比例的提高自然意味着国家养老保险基金的收入减少,因此只拥有这个以互助为基础的保险的人,在再分配时得到的将会比较少。另外,也将给欧盟的财务结算增加困难。

没错。我认为,作为实施欧元的条件,《马斯特里赫特条约》(又称《欧洲联盟条约》,1991 年 12 月 9—10 日第 46 届欧洲共同体首脑会议在荷兰的马斯特里赫特(Maastricht)举行。经过两天讨论,通过并草签了《欧洲经济与货币联盟条约》和《政治联盟条约》,即《马斯特里赫特条约》。这一条约是对《罗马条约》的修订,它为欧共体建立政治联盟和经济与货币联盟确立了目标与步骤,是欧洲联盟成立的基础。——编者注)提出的要求所存在的问题,不在于它为欧盟成员国规定了严格的条件,而在于阻止了改革。欧盟在清算体系中,在养老金方面今天已经给了实现养老保险改革的国家一定的过渡时间。

私营养老保险基金所占比重的提高对宏观经济没有任何负面影响,因为这些钱不是已经花掉的钱,只不过迄今是在国库里,而以后流入私营养老保险基金。总之两者都是储蓄。从这个意义上讲,宏观经济平衡没有因为我们进行了养老保险改革而恶化。

提高退休年龄也是非常大刀阔斧的,因为匈牙利的社会还没有理解妇女可以在 62 岁退休。我认为,不应该改变妇女的退休年龄,但应该把男子的退休年龄提高到 65 岁。我知道,这对涉及的人来说不是好的信号,但只要看看西欧就知道,在那里几乎没有国家规定退休年龄在 65 岁以下。

很显然这将引起巨大的抗议,匈牙利的失业率那么高,这可是匈牙利社会的特点啊!

人们不是傻子,如果健康的话,他们也是喜欢工作的。应该同涉及的机构坐下来谈条件,然后应该把一切向人们都非常详细地解释清楚,这样的话就不会有问题——就像 1997—1998 年那样。

但失业率并不是反对改革的理由,因为今天我们有的是结构性的和地区性的失业。或者说,需要的不是目前已接受过某种培训的那种学历的劳动力,在国家的西部需要成千的工人,而在东部边界那里却有大量的人过着没有收入来源的生活,但他们却不想搬迁。

失业问题应该用另一个计划解决,但尽管如此,在继续改革养老保险制度时,要考虑到下一个准备退休的年龄段的人——如果一切顺利,上帝也帮助他们的话——还能活 15—20 年。假如我们不对制度做任何改变,他们将要靠什么样的养老金生活?靠什么生活?因为他们安

度晚年缺少经济支持。此外,在这件事情上应该不只考虑 10—20 年,因为以资本为基础的养老保险在整个养老保险体系中将长期占一小部分。

因此,政治家责任重大:或者只关注短期的问题,或者作为政治家能够看得比自己的鼻子远一些,比选举周期长一些。也许这些事情不是太受人欢迎,但肯定对匈牙利的居民、对人们、对公民——如果愿意这么叫的话——意味着解决方案。因此应该承受这些措施!

在我作为第一届社会党—自由党政府的财政部长作出改革的决定时,我也是这样思考这些问题的。我彻底思考了我的前任在哪里犯了错误。博克罗什·劳尤什是勇敢而聪明的专家,但我认为他不是足够好的政治家。因为这些措施是如此的重大,它们对人们的日常生活产生影响,也是在打人们的钱包的主意,因此一定要让人们接受这些决定,不能满足于仅仅让人们了解经济学命题。应该表现出适当的灵活性,应该非常详细地了解人们每日的烦恼,以便做到一个财政部长在作出决定后不会引起社会普遍不满。我权衡了所有这些,最后继续执行博克罗什的财政政策,而且是从他离任时停止的地方继续的。严厉且始终如一,只不过个人的风格不同而已。

比如,养老保险改革是在做了一年半非常充分的准备之后才付诸实施的,没有出现游行、罢工,甚至更严重的社会紧张情绪。在这项工作中,霍恩是我的优秀的上司和伙伴,因为他承担了改革的风险,使摇摆不定的社会党议会党团接受了改革方案。我从此确定无疑地知道,霍恩有极高的天赋,是聪明勇敢的政治家,他能从所有艰难的处境中汲取教训,然后避免犯错误。良好合作的条件自然是,我们一直就出现的有争议的问题进行谈话。每个星期二的早晨,只有我们俩坐下来谈上一个小时,这时我们会把所有的评论、批评、可能的和不可能的许诺审视一遍,并就不久要作出的决定进行商谈。

我完全取得了他的信任,实际上我的手上掌握着全部的经济政策。尽管形式上是政府在作出决定,但实质性的协议却是在我领导下的经济内阁里产生的。一段时间后,在严格执行所采取的经济措施的影响下,成果开始显现,经济平衡开始恢复,外国分析家也开始承认这是一个正常的国家,在这里经济开始均衡增长。在成功地取得这些成就的同时,选民也认识到我是一个说话算数的人。比如我许诺通货膨胀将降低,我信守了自己的诺言。在我进入政府的时候,通货贬值29%,在我离开政府的时候,降到了14%。随着1998年国会选举的临近,在联合执政的两党内部,政治家们为了赢得选举越来越打财政收入分配的主意,阻止这样做又是一件非常困难的事情。我认为,一直到1998年年初,我都成功地阻止了挥霍迄今成果以及产生许诺陷阱。

事实上,不是因为这个原因我才不参加国会选举的,而是即使社会党获胜,我也不想继续当部长了。很简单,我想过安宁的生活,在这两年半过度紧张的工作之后也许是这可以理解的。

我想,社会党内部又一次不是非常理解你的做法了。霍恩是如何接受你的决定的?

他不高兴,嘟囔着,不愿相信我是当真这么想的,这导致我们之间有点儿疏远,因为当他们走遍全国发表动员讲话之时,我在努力维系整个经济,这已经是在这样的环境下所能做到的一切了。当然,对于承诺,我不总能对其进行监督。

这些承诺对于社会党——如果可以这样措辞的话——以微弱劣势最终输掉大选是否起了作用?

两者之间没有任何关系,是非常复杂的进程导致这一结果的。一方面,我们没能消除社会不能容忍的几个现象,比如我们对腐败没有采取强硬措施。其次,竞选活动事实上也不成功,但这在一堵坍塌的墙中也仅是一小块砖而已。我认为,决定大选结果的首先是,在欧尔班·维克托的领导下,右翼通过吸收和吞并不同的小的右派政党,有能力建立一个强有力的联盟,而左翼则找不到盟友。

关于国内的政党结构,值得我们以后再谈,但我们别如此迅速地离开腐败这个话题!即使仅仅因为这个社会现象——几十年的时间证明

第六章　重返政坛

了——已经嵌入了匈牙利人的意识,也不能离开这个话题。早在社会主义时期,你作为领导人就应该面对它了。

当我们研究国内或者通常情况下的中东欧的腐败时,首先应该明确一点,即腐败不总是指直接的物质腐败,许多时候指的是道德上的腐败。其次,应该始终寻找它的社会根源。

遗憾的是,我们从匈牙利文学代表人物的作品中了解到,匈牙利行贿的传统很早就有了。在社会主义时期之前,走后门之风盛行,其背后就可找到腐败的特点。然而,一点儿也不让人感到安慰的是,如果我们分析苏联、罗马尼亚和保加利亚,我们就会看到,在这些国家行贿的可能性更大一些,它实际上已变成了一种生活方式。关于这些国家——不管是文学还是社会科学著作——传统描述都是:"在东方什么都可以买到。"

我认为,东欧社会主义制度最大的一个错误是,完全颠覆了所有的价值体系,但却没有建立起一个透明的、有运作能力的、可操作的新价值体系来代替旧的。在这个制度里——把问题简化一点——不向任何人按照其劳动价值来支付工钱,作为交换谁也不支付所购买东西的真实价值。我举一个典型的例子:社会主义的普遍原则是平等。作为其延伸,对领导人的工资支付也不正常,他们拿到的比普通人没有多多少。这对维持领导人的正常生活水准当然是不够的——我现在指的不是奢华的生活。每天要在办公室工作 16 个小时,然后要去必须参加的活动,许多情况下周末不能呆在家里,不能像"普通人"那样生活。通常连购物和打扫房间的时间都没有——如果娶的不是一个清洁工的话。领导人的这个需求不能直接得到满足,也拿不到额外的收入,但在 20 世纪 50 年代给他们提供了国家别墅,后来提供了小轿车,他们可以在特别的商店里买东西。问题并不在这里,更重要的是,所有这些都是在秘密中进行的,无法监督。

领导人通过秘密的机制得到补偿,这样整个事情就变成了一个无法控制的、复杂的制度,这其中当然也伴随着人的弱点。这些矛盾不可避免地导致腐败的产生。

开始时,领导人接受了一件件礼物,因为他相信这是他应得的。后来在他想得到某种东西时,默许别人把它放进自己的口袋。以这种方式可以获得某些东西的现象于是就产生了。

我们别搞错了!这种心态不只是领导人才有啊。

当然,甚至可以说,位居高职位的领导人的腐败——比如说——与中层领导或者那些具体办事的人相比要小的多。我自然不抱幻想,我知道腐败是不可能被排除在社会之外的,因为在市场关系中、在最发达的国家里如德国、法国和其他地方也可以找到。

只是资本主义制度的特点是多党制,与此相伴的是某种监督,或者说这种事情不能长期地完全不受监督地去做。另一方面,传统的腐败的意思是,某人为了获取某种优势而把钱给一个人,这个某种东西的获得取决于这个人。但这样做的危险是,所有这一切迟早都会被人知道。

腐败关系网是一个无力运转的社会制度的特征,它以奇怪的方式在运转着,靠的就是每个人都有熟人和关系,通过它们可以获得正常生活所需的服务。人们就是这样获得汽车、冰箱和许多其他的东西的。在匈牙利,数百万人参加了这场"圆圈舞"。

在这种层面的利益分配中,市场经济的建设和丰富的商品——这是 20 世纪 90 年代前我们这里所没有的——意味着非常大的进步。但关于传统的腐败,人们仍然感觉到没有发生真正的变化。政党和政府对此应负大多的责任呢?

我们从私有化说起吧:当国家财产向市场经济过渡时,没有客观的确定的价值。那时,要确定某物的价格并明确其原因是非常困难的。因此需要把以前效益很差的国家财产全部转化为私有财产,这个转化本身就有增加腐败的可能。

这不是中欧和东欧的特点。请回忆一个故事:当人们问福特公司的创始人是如何获得财产时,老福特非常诙谐地回答:"我把一切都告诉你们,只是你们别打听我的第一个一百万是从哪里来的。"的确,这种——如果你赞同的话——原始资本积累从 20 世纪 80 年代末到今天一直都在匈牙利进行着。匈牙利历史上发生过多次原始资本积累,因为我们有这样不幸的历史。今天,实际上我们已经到了原始资本积累的末期。私有化是腐败的源泉,且伴随着风险,但这是可以度过的——我认为,这种危险源泉的形式将慢慢地消失。

还有另一个原因,即国家自身也意味着腐败的风险。当要选择企业完成一项较大的工程项目时,国家官员不是根据市场价值等级,而是可以随意地作出决定,这其中总是有腐败的可能性。当遇到一个大的订单时,官员的口袋里可以装进比他的月收入多许多倍的钱,这足以使那些意志薄弱的人铤而走险,尤其是当他们知道监督不严的时候。因此我深信,应该把国家在经济中的作用降低到最低或接近最低的限度。

第三个因素是,总是有一些服务,它们没有根据市场价值获得报酬。这方面最好的例子是医疗服务。我们所有人都知道,一个人要学习多少东西才能当医生,然后这些人还要承担重大的责任。因为我们把自己的生命、父母的生命和孩子的生命托付给了他们!但我们依然认为,没有非常大的必要去承认他们。我们很少去想一想,他们同样有父母和孩子要养活。我们只看见制药厂来人了,说:"假如你帮助经销药品,我就带你去参加国际会议,我支付这些昂贵的旅行费用或者给你提供研究机会。"今天,这些已经不是简单的物质奖励,而是在专业上取得进步的条件。无论怎样,事实是,作为交换许多医生把昂贵的或者疗效不佳的药开到了处方上。

因此腐败有非常多的形式,清除腐败不是简单的任务。我认为,应该继续减少国家在经济中的作用,应该公平地支付人们的劳动报酬,然后则应该进行严格的监督。这些决定属于政府的职权范围。

但与政党有关联的腐败危险一直存在。

这本身就是一个非常复杂的问题,很难让人们搞明白。他们不喜欢政治家,而且他们总是有充足的理由。他们的想法是,政治家得到的报酬太多了,不必要为政治牺牲那么多钱。只是,今日的现代世界有其规律:如果某人要获得政治上的成功,他就必须得有财力做后盾。

因此,如果政党的资金来源问题不解决,制度不透明、不明确,那么这本身就带有一个风险,即政党会试图以其他的方式为自己获得资金。它们要维持一个机构,要搞竞选活动,要搞公关,以便让人们了解和接受它们的计划。

比这更大的问题是,如果制度不透明,个人获取财产和党的利益可能很容易混在一起。一些政党违反法律,试图以非合法的途径为其政治活动获取资金,我认为这是不能接受的。

而避免这个的唯一办法是,要有一个公平的、明确的、检查非常严格的政党法,该法应明确规定如何为政党筹措资金,并要让舆论接受民主一定是花钱的东西。政党的活动也是要花钱的,就像国家机构、自治政府的运作或者社会组织一样。如果是这样的话,那么我们最好对政党说,它们可以为其运转获取资金但要接受严格的民主监督。这将是公平的解决办法,不像今天的实际情况,我们给人的表象是:我们非常注意,不让国家的钱跑到政党那里。我们以此强迫政党绕道而行,但又没有能力去彻底检查它们的收入从何而来。

假如这个社会能以某种方式解决好政党资金来源问题,那么或许也能在生活的其他方面对腐败形成打击?

首要的也是最重要的措施是,我们要加强市场监督。匈牙利的经济没有足够的市场化,也就是说国家的干预太多了。要使体制透明,就需要广泛的市场关系,因为在这种情况下腐败的机会才能变小。

我们看一下斯堪的纳维亚国家,那里实际上是没有我们这里的这种腐败的,那么是不是可以得出结论:凡是国家社会福利制度运作得非常好的地方,那里的腐败就自动少了呢?

从本质上讲,这与一个国家是否有强大的中产阶级有关。只要一个地方没有无法忍受的差别,即在最穷的10%和最富的10%的人之间没有10倍或者15倍的差距,只要一个地方有一个强大的中产阶级,有一个非常好的平均生活水平,那么这个地方的腐败机会就会少许多。

第六章 重返政坛

在这个领域,匈牙利的国际排名什么时候可以得到改善呢?

我不认为国际排名是完全真实的。其实在国外人们对匈牙利的看法是,它并不是一个非常腐败的国家。人们也给我列举了一些例子,我也听到了一些的确令人胆战心惊的故事。但普遍的看法是,匈牙利不属于严重腐败的国家。排名改善的速度完全依赖于在刚才列举的领域何时能成功地建立起更透明的关系。

我们的出发点是:什么样的因素导致你再次离开政坛? 不管社会党是否获胜,你都不想留任部长。后来,生活使人们更容易理解这一决定了,因为1998年右翼政党以微弱的多数票上台执政。博克罗什·拉约什和你在业已开始实施的经济措施中,还有多少被保留了下来? 针对这些措施他们又采取了什么措施?

博克罗什·拉约什准备充分的、深思熟虑的、自始至终坚持实施的紧缩政策带来了成果。不仅体现在经济上,也体现在人们的心态上。他警告他们说,不能无节制地花钱,要注意到应该给予市场更大的作用,国家的作用不能无意义地扩大,而是应该缩小。

我继续了博克罗什已开始采取的措施,并增加了养老保险改革,匈牙利的政策以此在传达一个信号,即匈牙利不仅有能力紧缩,而且有能力进行面向长期的改革。

欧尔班政府在执政的第一阶段所做的与我们和霍恩·久洛做的没有本质上的差异。因此,在头两年——1998—1999年和2000年年初——欧尔班们在实行同样的经济政策,即出口和投资导向型经济政策,注意到预算和国际收支平衡的经济政策。在分配体系中,他们采用了一些我不赞同的做法,但基本方向没有错。

当然,和其他政府一样,欧尔班在执政时期也有过支持率的低潮,这促使他们进行人事变动。他们换了财政部长,2000年后开始实行消费导向型经济政策。因为欧尔班·维克托感觉到,继续实行以前的经济政策不可能赢得下届选举,从这时起他们作出了多少许诺就已经不重要了,重要的只是让政府的支持率上升。其口号是"我们是强大的,我们对世界上发生的事情不感兴趣",因此老的思维方式又回来了。

在令人可以接受的第一阶段之后,在第二阶段他们则完全向错误的方向走去。国家以令人震惊的方式花钱,政府认为经济增长的拉动力可以是消费。在如此小的国家这完全是错误的设想,与此同时在分配体系中也作出了一系列畸形的决定。我只举住房补贴制度的例子,它的贷款条件把令人震惊的负担强加给了下届政府。之所以说这是可怕的视野狭隘的举动,是因为假如他们在2002年继续执政的话,这些负担照样会出现。

这个经济政策的转变是否与两个人有关?亚劳伊·日格蒙德决定了第一阶段的政策,而沃尔高·米哈伊则决定了第二阶段的政策。

不。我认为,这从根本上说与欧尔班·维克托的哲学发生转变有关。亚劳伊·日格蒙德也可能会转而实行消费导向型的政策,尽管他懂财政,很清楚地知道政府的决定会有什么样的后果。沃尔高·米哈伊也有能力把比较强硬的经济政策贯彻到底,尽管他对财政不太懂,因此政治观点发挥了更大的影响。我真的认为,他们俩在知识上的差别并不重要,这个转变的特点基本上来自于总理的哲学的变化。欧尔班·维克托个人的政治考量决定了选择什么样的经济政策。他是一个相当有主见的政治家,他非常准确地知道他想要什么。与此同时,也应该注意到这样做的风险:一旦犯错误,犯的就是非常严重的错误。

然而——我认为——他在经济问题上犯了大错。他高估了国家的实力和机遇,他认为小小的匈牙利也可以独立于市场、世界和欧洲。结果是,到2002年匈牙利经济体系的平衡被打破。

Kirschweng   Budapest.

◎ 迈杰希·彼得的外高祖父母利凯尔·费伦茨和蒂莱尔·约泽福（1896年）

匈牙利前总理迈杰希·彼得自述

走在仕途上的公民

◎ 父亲迈杰希·贝拉（1936年）

◎ 母亲索尔考·伊博姚（20世纪40年代）

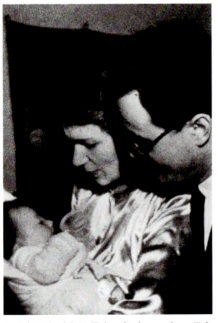

◎ 2个月大时和父母在一起（1942年12月）

◎ 3岁时和母亲在一起（1945年）

◎ 迈杰希·彼得的子女伊尔迪科和盖尔
  格（1974年）

◎ 迈杰希·盖尔盖伊（昵称：盖尔格）
  中学毕业照（1988年）

◎ 伊尔迪科和她的小儿子博冬德
  （2002年）

◎ 和伊尔迪科的大儿子盖尔格在一起
  （2003年）

匈牙利前总理迈杰希·彼得自述

◎ 和孙女莉莉在一起（2005年）

◎ 与妻子乔普拉尔·考陶琳和养女托尔诺茨基·奥妮陶在一起（2002年）

◎ 在国会作关于税收改革的报告（1987年）

◎ 作为卡达尔·亚诺什的陪同人员访问中国，前排中间为卡达尔·亚诺什和邓小平（1987年）

匈牙利前总理迈杰希·彼得自述

走在仕途上的公民

◎ 时任副总理的迈杰希·彼得在关注国会辩论，左为总理内梅特·米克洛什（1989年）

◎ 和艺术家卡劳伊·费伦茨、奥沃尔·伊什特万、博迪扎尔·伊万和班菲·捷尔吉在一起
　（1987年9月18日）

◎ 在社会党代表大会上被选为总理候选人（2001年6月9日）

匈牙利前总理迈杰希·彼得自述

走在仕途上的公民

◎ 在国会选举巡回竞选活动中（2002年）

◎ 在欧洲议会选举竞选集会上（2004年5月）

◎ 当选总理后在国会首次发表讲话（2002年5月27日）

匈牙利前总理迈杰希·彼得自述

走在仕途上的公民

◎ 教皇约翰·保罗二世接见（2002年7月4日）

◎ 迈杰希·彼得夫妇与西班牙王储费利佩和王妃莱蒂齐亚·奥尔蒂斯在格德勒宫（2004年9月8日）

◎ 匈牙利加入欧盟签字仪式在雅典举行，右为外长科瓦奇·拉斯洛（2003年4月16日）

◎ 参加欧盟扩大仪式的各国领导人在都柏林拍摄"全家福"（2004年5月1日）

匈牙利前总理迈杰希·彼得自述

走在仕途上的公民

◎ 和葡萄牙总理、后来的欧盟委员会主席若泽·曼努埃尔·巴罗佐在一起（2002年）

◎ 和德国总理格哈特·施罗德在布达佩斯（2003年11月19日）

◎ 和美国总统乔治·沃克·布什在白宫椭圆形办公室里（2002年11月8日）

◎ 和俄罗斯总统弗拉基米尔·普京在圣彼得堡（2003年11月29日）

匈牙利前总理迈杰希·彼得自述

走在仕途上的公民

◎ 和英国首相托尼·布莱尔在一起（2003年7月13日）

◎ 和欧盟委员会主席罗马诺·普罗迪在一起（2004年6月17日）

◎ 和中共中央总书记胡锦涛在北京（2003年8月）

◎ 和奥地利总理沃尔夫冈·许塞尔在匈牙利的松博特海伊（2003年9月26日）

匈牙利前总理迈杰希·彼得自述

走在仕途上的公民

◎ 和法国总统雅克·希拉克在一起（2002年11月）

◎ 参加塞克萨德的圣拉斯洛桥落成仪式（2003年7月4日）

第七章

独特的总理候选人

对经济变糟的这个认识再次引导你返回政坛吗？究竟是你自己决定接近社会党,还是这个左翼政党又一次开始来找你？

双方都有这个意愿,正如 1994 年以前我开始经常和霍恩·久洛商谈一样。这时,社会党内部也有许多人来找我,说希望我当他们的总理候选人。这正是我对所谓的公民政府对异议的排斥行为感到厌倦之时。作为限定词而被使用的公民这个词,早就让我感到极难忍受。我想,以前和现在都有右翼的和左翼的公民。

我的公民价值观拒绝任何形式的排斥。我不能接受极端主义、反犹太主义、沙文主义和对外资一概拒绝。公民的生存有其行为方式、道德观念和价值观。按照我的理解,在公民这个词汇的背后是匈牙利的社会,它也是年轻人、中年人、老年人、女人和男人、生活在不同地区的人、穷人和富人、获胜者和失败者的社会。在我给出答复之前,我自己必须首先搞懂,我对社会是否有话要说,且它对选民要有足够的吸引力,因为它要有新的内容。在我决定返回政坛时,我的目的就是要展示出与青民盟政府不同的思维方式。

与我相似的人的义务感在形成,可增强,亦可减弱,但他们却不能

完全改变自己的言行。我一直认可左派和自由派的原则,只要还活着,我就会坚持这些原则。每个有相似想法的政治家都清楚这一点,由于党内无法解决提名的问题,因此一旦有麻烦了,他们就开始找我。对政治感兴趣的读者一定记得,有几个月,多名候选人竞争社会党总理候选人提名。内梅特·米克洛什、霍恩·久洛和科瓦奇·拉斯洛三个人的竞争——就像"三大男高音"同台演出一样,请别让我说这是一出闹剧——舆论都看到了,最后谁也没有展示出比其他人更多的力量来,也没有赢得比其他人更多的支持。这时,匈牙利社会党的领导人中越来越多的人来找我,说形势危急,需要我回来。

这一系列会面都是怎么进行的? 他们是直接切入正题向你提出请求,还是先给你列举了要解决的问题以便试探你? 对这些问题你做出了什么样的回答?

许多人来到英特尔欧洲银行或者我的私人公司找我,有伦德沃·伊迪科、基什·彼得、科沙·费伦茨、纳吉·山多尔、舒奇蒙·陶马什、蒙杜尔·拉斯洛,最后还有科瓦奇·拉斯洛。非常非常多的人。我们就国家的形势和如何能赢得下届国会选举交谈了很多。我决定迎接挑战,假如社会党领导层和党代会接受我的条件的话。这些也不是什么特别的条件,我想达到的目的只是让这个党也能像一个好企业一样运作。只有这样,才能把果断和信心传递给人们,否则——我敢肯定——不可能赢得选举。

此外还有几个问题,我在这时已对它们有了非常坚定的设想。我认为,社会党必须明确:它代表现代社会民主党的价值。党必须更加坚定地澄清它与民族历史和感情的关系,必须同时承担民族的和自由党的思想,这些正是我发自内心的、真正信奉的东西。最后,我只剩下了一个真正的竞争伙伴:科瓦奇·拉斯洛。但他也感觉到了,社会党舆论的天平已经强烈地向我倾斜。因此,在确定总理人选的党代会前,我们有过一次面对面的谈话。他说,他撤回对自己的提名,不参加竞争,并表示希望多数人或一致选举我为总理候选人。

你脑子里没有想过他们是在把你当替罪羊使吗？因为欧尔班·维克托的领先优势似乎是不可能追上的，而且看起来青民盟会轻松赢得选举的。

没有，因为我的想法是坚定的：2002年可以赢。用与欧尔班·维克托完全不同的做事和处世方法、完全不用的哲学、不同的态度、不同的形式和行为方式是可以赢的。

2001年6月，在确定总理候选人提名的党代会之前，我与党的主席团，也与党主席科瓦奇·拉斯洛澄清了一件事：只有在得到一切权力的情况下，我才能接受提名——话不好听，但却在理——因为否则的话竞选活动是无法搞到底的。我知道，需要的是根本不同于以往的竞选活动、组织工作和内容。假如一个人真的这么想，那么他就不可能做别的。因此我说必须让我当选举委员会的主席，这样我才能对社会党施加影响，别让我当独立的、孤独的总理候选人，因为我们应该一起赢得选举。为此，我需要有一个强有力的团队，它将帮助竞选活动，同时这也是我们把这项工作做得很专业所需的基本条件。当时，我们在这些问题上达成了一致，然后我宣布了我的计划：我想用什么样的目标和方法赢得这次选举。后来，党的主席团、全国委员会以及党代会非常高兴地通过并支持这一计划。

这听起来很简单，但你和社会党却经历了最大的窘境，你从来不是这个党的党员。前面我们已经谈过，你作为社会主义工人党党员从党内做改造性工作，这个决定是正确的。因为你真的对改革进程发挥了影响。问题是：假如你想时不时代表社会党谈论政治，那么你置身于社会党之外的这个决定是否正确？

我已讲过，在我加入匈牙利社会主义工人党时，没有别的选择：要么做一个积极的参与者，要么做一个党外的批评者和唱反调的旁观者。我也说过，在社会党成立时，选择性就太多了。与此同时，一段时间过后，每个人都接受了迈杰希就是这样一个人，他不想当党员。

在你回来做霍恩政府的部长和专业部长时，没想过入党吗？

从来没有。

但在社会党领导层中曾出现过这个想法，当时你没有得到工业部部长的职位。

这是奇怪的事情，因为在我做了左派和自由党政府的财政部长后，我不能允许自己很快加入社会党。因为要是那样的话，每个人都会认为我是以此感谢对我的任命，或者我欲以此长期确保这个职位。我的想法一直是，假如我不能百分之一千地认同这个党，那么就不会成为它的党员。

有过这样的需求吗？或者有过这样的压力吗？

没有过直接的要求，只是曾经有过间接的压力，即在组建政府时不是选择我，而是选择帕尔·拉斯洛当工业部部长。两年后，每个人都接受了一个事实：我是一个有左派和自由派思想的人，但我不是社会党成员。

2001年谁提出了这个问题？是你还是来找你的社会党领导层？

双方都提出了。一段时间后，社会党人发现我置身党外有多么大的优势。用这个信息可以赢得那些在要不要改变现状的问题上尚未做出决定的中间派选民，他们接受团结的思想、机会均等的观念和许多其他的左派思想，但他们不喜欢社会党人，因为他们对过去留下了不好的记忆。每个人都在想，一个那样的政治人物，他——大家都知道他与左派有牵连——不是党员，不是以党的领导人的身份出现，更易于与这些人沟通。

换一种说法，社会党人在自己的人里找不到一个可以与欧尔班·维克托相抗衡的人。

他们当然承认这一点，但显而易见，这个不完全有义务的群体将决定国会选举的走向。在2006年大选中也非常明显，结果将由那些尚未作出决定的社会阶层决定，他们想生活在一个有文化的、正常的世界里。他们其实就是想要一个好的、欧洲化的匈牙利，在这里他们的家庭安全，在物质上有发展的机会，另外还有些道德标准。那些与任何政党都没有直接的感情上的牵连的多数选民在寻找这些价值。在2001—2002年,有假设是符合逻辑的:谁不是站在对党忠诚的立场上讲一些事情,谁对这些人的讲话就更能引起共鸣。在我们赢得选举之后,社会党主席团的成员们马上就开始说,我现在已经有理由表明:我承认社会党的纲领,我是左派政治家,我属于社会党的领导人之列。我一点儿也不怀疑——即使是自负地说,也是如此——在国会选举之后假如我申请加入社会党,社会党会把我选为最高政治领导层的成员,高级职位也任我挑选。

这当然不仅是个人决定的问题,同时也是一个令人激动的尝试:一个人如果不是任何政党的成员,他可不可以当总理。在匈牙利还没有过先例。安托尔·约瑟夫是民主论坛的成员,博罗什·彼得也是。霍恩·久洛是社会党的创始人,欧尔班·维克托是青民盟的创始人。我是第一个不属于任何政党的总理,尽管每个人都知道,我承认左派和自由派的价值。

我置身党外除了有以上优势外,还有一个巨大的劣势。一个党的领导人在正常出现的支持率的低谷时,可以比较轻松地克服政治上的困难。他控制着党,因而在这种情况下能用强硬的手段平息党内的不满:他能扼杀或者战胜对手,或者在党内对不同的派别实施控制。而置身党外困难了许多。我在任时,民意支持率非常高。自政治制度发生变化以来,这个国家还没有一个总理的民意支持率像我那样高,而且维持了一年。我敢肯定,在以后的若干年也不会再有这样的情况出现了。

在霍恩·久洛政府执政中期,发生在他身上的事情对你不是足够的警告吗?当时,社会党领导层的几个人来找你,想让你当下一任总理?

这是真的,只是当一个人身处局内时,他考虑问题的方法不同于从局外去看问题。的确,在第一届社会党和自由党政府的前半个任期结束时,几名领导人想以党的名义更换总理,因为社会党、霍恩·久洛和政府的民意支持率下降。他们开始扬言说,与他不能一起共事,需要新

人。参与这起密谋的人中有科瓦奇·拉斯洛、科沙妮·科瓦奇·毛格道、加尔·佐尔坦——不是加尔·J·佐尔坦（加尔·J·佐尔坦是加尔·佐尔坦的儿子。——译者注），而是年老的——我也不能把基什·彼得排除在外。

我也被邀请到加尔·佐尔坦的家里参加了一次这样的谈话，在那里争论的焦点是：如何能迫使霍恩和平地下台。我不喜欢这样，因为我认为不应该这样解决问题。我没有参与整个事情，不过在科瓦奇·拉斯洛的领导下，他们试图说服我，说如果事情搞成的话，我可以当总理。科瓦奇说，他没有这样的雄心，他更愿意当党主席。

在这件事情里面，你不喜欢的是什么？ 这种"风格"，这种做法不合你意吗？

是的，这种"风格"不合我的口味。再者，我认为可以与霍恩·久洛一起共事。在爱情上，我非常不喜欢变化无常，在政治上我也认为这是完全不可以忍受的。这件事情的结局是，谁知道怎么搞的，第二天早晨这次聚会出现在匈牙利电台的新闻节目中。随后，霍恩·久洛分别找这次聚会的参加者谈话。谈话是诚恳的，正如人们习惯所说，换人之说没有任何结果。

而政治的本质就是变化无常。

你看到了，匈牙利语多么丰富。是变化无常还是欺骗？ 也许两者皆有？ 也许你是对的。一定条件下，变化无常是政治的生存要素。但我认为，这已经是不信任，甚至是政治上的缺乏耐心，当然也是愚蠢的。社会党人完全没有能力信任一个人，没有能力接受：这个人不可能四年如一日地表现出同样的热情，不可能在整个国会任期内始终拿出优异的成绩，不可能四年中一直都受人欢迎。托尼·布莱尔、格哈特·施罗德、雅克·希拉克都做不到，谁也不能一直都受人欢迎。总之，一个政党不能歇斯底里到立即要求换人的地步。然而这已经是一个歇斯底里的政党了，出于我所有的尊敬和同情心我也应该这么说。所以我不喜欢前面的那个倡议。

当然。今天我已经看得很清楚了,在政府和我的民意支持率下降的同时,从 2004 年春天起我就应该感受到涉及到我个人的危险,但我的报警系统失灵。从某种角度讲,我认为保持自己的准独立性有更大的价值,我可以以此表达对民族团结的需求。

即使今天我也依然说,在一个正常的国家里人们必须要接受这样的情况。因为今天我依然认为,作为一个准旁观者,劣势是我不能控制一个政党,但有多大的劣势就有多大的优势。但导致我辞职的那些措施当然并没有证实这一点。

你为什么没有想到建立一个满足你的需求的独立的政党?许多人都在问这个问题,我认为也有人带着相似的想法来找过你。

是的,的确如此。但这只在一个人没有获得权力时才可能出现,为了权力人们才组建一个政党。难以设想一个人在不是党员的情况下获得了权力,并在这个时候开始组建一个新政党。这会对执政联盟和政府造成无法承受的巨大混乱。

因此问题只能这样提:在我还没有当总理时,我为什么没有想到。这与我的人生,与我多次远离政治有关。1990 年以后,我想都没有想过有一天还会返回这个领域!后来,发生了一些我不喜欢的变化。所以我还是在政治上担当了角色,最后出任财政部部长一职。再后来,我又一次说:"真遗憾,社会党人真笨,输掉了这次国会选举,但事已至此,我不如返回私营领域。"返回政坛是我又一次没有想到的,因为我认为,在某种程度上讲我已经得到了许多,为此我应该继续从政!

后来,欧尔班政府的政策又一次让我越来越难受。但当我真的把这件事情放到心上的时候,组建政党为时已晚。一直到 2000 年年初,我才有了这样的想法。也许我醒悟得太晚了,因为别人也许在 1998 年 9 月就看到事情在向不好的方向发展,但我当时并没有注意到。

当开始一起工作的时候,你在社会党中看到了什么?2001 年局外人的感觉是,这是一个处于崩溃边缘的政党,到那时为止这个政党也只是在遇到非常大的问题,或者需要相对迅速地解决非常重大问题时才有能力振作起来。但完全没有能力在四年任期内深思熟虑地设计出自己和国家的未来。

请让我从最后说起吧！一个政党的力量通过它如何能充分利用当反对党的那段时间就能显示出来。的确是真的：社会党没有很好地利用1998年以后的时间，因为在政府更迭的时候，它没有深思熟虑的、预先准备好的、包含国家所需发生的详细变化的纲领。

它当然有一个政治纲领，也是非常好的，只是在接过权力之后它不适合指导实际的行动。然而现在没有时间去犹豫和尝试。执政时间其实在实践上不是四年，而是两年。因为第一年是普选，然后是自治政府选举，最后一年又要为选举做准备。因此，中间只留下两年可以实现各种计划的时间。假如谁想实施真正的改革，他就应该拿着可以交付印刷的文本上台执政——但社会党没有这样的纲领，也没有这样的设想。

在他们找到你的时候，你就清楚这个情况吗？

当然，我开始做在这么短的时间内可以做到的弥补性工作。我只是从2001年春天起开始真正地考虑当总理的问题，2001年夏天我被选为候选人。从那时起竞选活动占用了所有的精力，留给我们准备总纲领的时间非常少。损失的时间非常多。

说真的，这个党的弱点不仅表现在这方面，还表现在它没有能力与过去的、20世纪的左派观念决裂。他们不喜欢任何现代的、新的东西，很难接受新的组织方法和公关方法。

当你说："假如你们选我当总理候选人，那么我来决定竞选活动怎么做，请站在我的身后！"他们不是很愉快地接受你的这番话。

绝对如此，这种态度是非常不寻常的。久尔恰尼·费伦茨在提名他为候选人的党代会上说这番话时就容易多了，因为在他之前已经有过先例了。但在2001年这却是令人震惊的事情。此外，我接触了我周围的年轻人，他们对世界有完全不同的想法，他们开放又具备国际经验，知道托尼·布莱尔的竞选活动是什么样的以及他的纲领是什么。他们已经碰见过公关这个词，而20世纪90年代末在社会党里这个词还是陌生的。

社会党的精英对此感到震惊,表现在什么地方?

首先,在共和国广场他们不是非常愿意接纳我们。我和我的竞选团队占据的那半层楼,有一段时间是大楼里与外界隔绝的一个区域。他们不愿意去那里。在获得成功之后,他们来这个走廊散步的兴致渐浓。他们压低嗓音聊天。看得出,他们也在为我加油,但他们说,如果现在失败了,那也不是大不了的事,因为那说明在这个党内不需要像迈杰希所想的那样把一切都翻得底朝天。

而我的确看到了:只有我们与老式的思维方式决裂,并且向世界先进国家看齐,我们才能获得成功。在当今世界,主要是选举党在运转。美国尤其如此,欧洲也不例外。这就是说,有一个人,在他的周围聚集了一个团队,这个团队代表着一种思维方式,它使用党的某些价值观,假如有必要,那就将其发扬光大。因此,在这样的竞选团队中就形成了灵活的、适应期待的、有目的意识的工作。

正如我提到过的:在事关权力问题上,这个社会党是有能力团结的。大的问题在于,在遇到好事的时候却很难搞好团结。这时候,每个人都觉得自己是功臣,自己为这一成果的获得贡献得最多。因而他真的有权利来分享权力,但他不知道这个在赢得选举后当上了总理的男人到这里是干什么来了。一个如此愉快的氛围出现了,尤其是在自治政府选举中获得压倒性胜利后,这一特点更为明显。在这个意义上,困难不在于如何使一个党在遇到挫折时团结起来,真正的问题是成功时怎么办,假如我们胜利了,该做什么?

然而我坚信:社会党与匈牙利普通的政党相比,说不上更好,也说不上更坏。它有最丰富的传统和真正的价值观。但毫无疑问,这个党本应进行改革,在选举获胜后也应该迅速地进行改革。这包括干部队伍的更新换代,但比这更重要的是观念上的转变。把新面孔带进党内是不够的,因为在我年轻的社会党的朋友们当中,有相当一部分人严重地适应了前几代人的政治观念。他们的做法与20年前完全一样!假如给当今世界的挑战提供适当的答案,并制定出相应的纲领,我们这才能谈得上真正的更新。这需要另一种氛围,必须认识世界,必须认识今天匈牙利的现实,必须对新的方法采取开放的态度。

第八章

竞选活动和社会党人政府的经济政策

许多人都说,你 2002 年的竞选活动是社会党历史上第一个以真正职业的方式组建起来的、量身定做的竞选活动。竞选活动非常现代化,21 世纪用它可以在匈牙利、欧洲或世界任何地方赢得选举的胜利。你是如何认识到 1998 年的那一套已经行不通?如何认识到社会党的竞选活动规模太小以及它不是真正愿意搞竞选活动?

的确,我的竞选活动是社会党历史上第一个职业的竞选活动。我的出发点是,政府的地位非常重要,他们手中掌握着所有的工具:从媒体到资金,从施加影响的各种机会到对经济生活实施的影响——一切。尽管如此,他们在执政的后半期依然遭遇舆论的漠视,而社会党中也出现严重瘫痪。我感受到,只有把不寻常的、迄今人们不熟悉的风格带进竞选活动,我们才能改变现状。

在我真正开始思考接受候选人提名之时,我研究了社会党的弱点和匈牙利左派的弱点。我的感觉是,除了福利事务,他们对公众的讲话说不上成功。社会党不会对中间选民说话,不会影响广泛的民众,因此我想,需要新的方法。但我并非真的了解,关于新方法有什么样的可能性。

因此在我组建的团队中,既有国内外的专家,有非常多的年轻人,当然也有经验丰富的对社会党内部机制非常熟悉的人,他们对于社会党人迟早接受我们的思想是必不可少的。

这个团队究竟是如何组建起来的？因为如果某人说:我放弃我的工作,抛弃一切来参加迈杰希的团队。它本身意味着足够大的风险。

当然！正因为如此,我要选择那样的年轻人,对他们来说决定性的因素并非首先是生存,而是更长远的未来建设、共同的行动和思维。实际上每个人都是我挑选出来的,因此这个团队构成中 2/3 是年轻人,相对小的一部分是老的、非常有政治经验的人。

这既可以理解,但又不可以理解:这些年轻人从年龄上与你相差非常大,他们用不同的方法看世界。

正因为这样,我才需要他们！假如一个人只是寻找自己的同龄人,那么他就只能接受与他自己、与他的实际经验和生活经验相近的思维方式,这不可能满足今天这个时代的要求。我有意寻找一些人,他们在讲话、思维和组织工作方面与常人不同,了解国际上的做法,但也可能对国内的现实还了解得不够。因此我必须把缺少经验但却非常有才能、非常有雄心、用新方法思考问题的年轻人与准确了解匈牙利状况的那些有经验的人组合在一起。

邀请容·韦伯当竞选顾问是谁的主意？

说实话,我说不清楚。在一次谈话中,有人说:"有一个人,他的经验特别丰富,因为他参加过美国、以色列和罗马尼亚的竞选活动,值得跟他谈一谈,看他究竟会给人留下什么印象。"我和他坐下来谈话,想看看他有没有我可以接受的设想,依靠它我们真的可以获胜。他给我留下了好的印象,看得出他知道自己想要什么,知道自己想怎么做,他熟悉现代的方法。因为这些我决定和他一起工作。至于容·韦伯是从哪里蹦出来的,我真的说不清楚。

他这个人和他的团队给竞选活动带来了什么？

他的团队是在匈牙利组建的,他自己没有带人来。他个人的知识是有价值的。他给竞选活动带来的最重要的一点是接近人们的现代手段。这之所以从根本上讲是重要的，是因为与左派媒体占强势的传言相反，我开始时遭遇到的则是逆风，尤其是电子媒体。编辑部不是非常相信社会党人会重新掌权，尽管在人们中间有很大的不满，但表达出来的却与事实不符。

容·韦伯熟悉那些可以接近人们的方法，从直接邮件到巡回竞选之旅，或到街道居民区，在这里社会党的候选人、政治家或同情者散发宣传材料并同人们交谈。设立电话中心，建立电话联系是他的点子，通过这个办法可以动员人们，可以邀请他们参加各种会议和活动。

他带来的新东西不是在内容上，而首先是在方法上。这些技术解决办法的很大一部分不仅社会党人不了解，而且其他的政党也不了解。可以说，与人们建立直接接触的办法是由我们的竞选活动引入匈牙利的。当然，到今天大多数政党都发现，不这么做就无法赢得选举。

以前，没有为任何一个左派政治家组织过长达一个月的全国巡回竞选活动。

这是真的，竞选活动的确是围绕一个人而组织的。有一个月密集的巡回竞选活动，此外还要上电视，拍照片，一切都为一个人而设计。今天这是西方模式。在确定了谁是中心人物之后，竞选活动就围绕比如托尼·布莱尔展开，或者在美国就围绕·乔治·沃克·布什或约翰·克里展开。

这有其政治含义和原因：在接受经济的规律性之后就形成了这样一种情况，即各政党之间的政治设想和纲领没有多大的差别。因此非常重要的是，那个可以受到人们拥护的人，务必是一个有吸引力的、可信的人。

讲与别人不同的话和以别的方式讲话是不够的，因为在非常多的问题上一个政府是没有真正的活动余地的。世界政治是确定了的，我们的环境是特定的，经济有它的规律性。在这个范围内，可以对社会更敏感一些，或者可以以严厉的市场信徒的身份出现。但今天西方世界

第八章 竞选活动和社会党人政府的经济政策

的所有竞选活动的确全都是人与人之间的斗争。青民盟早就认识到了这一点，并以此赢得了 1998 年的国会选举，但在 2002 年这对社会党来说还是新生事物。

当然，一个这样的以一个人为中心的竞选活动本身就隐藏着巨大的风险。假如一个人不能证明他有吸引力，有信用，不能证明人们需要的就是他，而且相信他会与人们打交道，那么这个人就得面对失败，而整个竞选活动也就宣告失败。假如成功的话，那么这个人就可以提升这个政党，同时可以挽救竞选活动。

以前，社会党的竞选活动建立在邀请自己的党员和同情者参加大大小小的组织和俱乐部之上。其次是在体育馆、广场和街道组织大型活动。而有关你的竞选活动的照片则显示，许多情况下你在小城市和村庄简单地走进人们中间，从卖菜的妇女那里买土豆。与人们以前已经习惯了的做法不同，你作为领导人出现在了不同媒介之中。

我去过 112 个地方。有时，一天要去四五个城市或村庄与人们见面。这对我来说是超乎寻常的经历，我必须面对人们的观点：同情的和反对的皆有。

这样的情况多吗？

这是肯定的。假如一个政治家要上街，风险总是有的。总是有人喜欢他，其他人则对他表现出反感，因为他们同情相反的一方。另外，右翼党这时候总要捣乱，很多情况下他们故意组织一个小合唱队干扰讲话，还有人大喊大叫。要在这样的媒介中站稳脚跟，是非常有教益的和磨炼人的。

每天也出现人们在大街上来到我身边的情景，因为他们想把自己的烦恼讲给一个人听。尤其是老人和有小孩的妇女抱怨并列举他们的烦恼，我听了后心里是难受的，因为我对这些烦恼并不负有责任。这个时候，政治家当然只能回答说，我们之所以想执政，就是想取得改善。

看到人们是多么地需要与政治家单独接触——他们认为这样的机会太少了——我的感受非常大。许多次我都感觉到，他们只是想感受到：政治家也是血肉之躯，可以和他接触，可以用手碰他。一个老阿姨可以抚摸我，一个工人可以握着我的手，一个小孩子可以要我的签名，一个妇女可以和我一起合影。他们有时在电视上看见政治家长篇大论，说大话，而遵守的诺言却不到一半。现在政治家就在他们的身边，可以让他做个解释，可以和他谈话，可以说出自己的烦恼、家庭的烦恼、世界的烦恼。这是从人们身上感受到的。

最大的问题是，在竞选活动之后，不管是社会党还是我都没有把这个巡回活动继续下去。当然，同时执政和回到生活之中是非常困难的。这是一个漫长的竞选活动，2001 年末启动，2002 年冬天自治政府选举之后结束。在这之后，在人们中出现的次数减少是合乎情理的，尽管每个政治家都十分需要有规律地与选民见面，倾听他们的意见。每个人在理论上都知道这一点，但从未在任何一届政府的任期内实现它。在我执政期间无人做到，在欧尔班、霍恩等人执政期间也无人做到。要知道，一个高级别政治家的周围的人会把他和世界隔离起来。这不一定是有意识的事情，但却总是发生。

首先，他很少参加这样的活动，因为他没有时间，原因是有决定等着他作出，他肩负着国际上的义务。即使去了，允许他去的地方也都做了严格的过滤：只在他受欢迎的地方为他组织活动。人们说："出于安全考虑，这是重要的。"此外，信息也受到过滤，因为他们的想法是：不应该让首长紧张，他什么都知道是不好的。但假如他不是什么都知道，那么迟早他将无法准确地知道世界上都发生了什么，他将失去判断能力，从此他将很难理解何事为何进展不如从前。

因此，不管是谁，只要他决定修改自己的政策，那就请他不要放弃与人们保持经常联系的机会。要让周围的人理解，试图免受任何事情的干扰对谁都没有好处。当然，总理"身边的人"的作用会变大，假如他们可以过滤信息和那些来找总理的人的话。

你现在是有意识地说这番话的，但在你上台后，你考虑到了这些扭曲的做法吗？

人自然会形成这种需求,也许会一次次地提起,但却已经没有时间去控制它是如何运作的。从这里看得出,总理身边的人是多么的重要。他身边的工作人员有多大能力选择并聪明地帮助他的工作,这是具有决定性的。

我的朋友们说,2004 年夏天当一些人产生换总理的念头时,德劳什维奇·蒂博尔依然应该当我的办公室主任,那样我就能更深地感受到危险,对于如何阻止不满情绪的蔓延也能看得更清楚一些。周围的人很重要! 只是一段时间过后,每日的工作机制就形成了,即使得到的信息是不真实的、经过过滤的或者被歪曲的,但已经难以认识到了。

我们再回到在全国做巡回竞选活动的那个时期吧! 你最后一次走遍全国是当财政部长的时候,当时行业领域属于你管辖的范围。从这一个月的巡视中你得出了什么样的经济结论? 你得出没有可行的道路,以及人们在某些领域无法找到工作这个结论,是吗?

一个政党的纲领或者一个选举纲领的内容——请原谅这个表达——纯粹是出于好的意愿而汇总了所有我们能想到的、美好的东西。因为我们既想解决这个问题,也想为那个问题寻找解决方案,这个也想,那个也想。但事实上,只有个人的经验能帮助人们挑选出最重要的成分。在竞选活动之前,有许多年我的确没有机会巡游全国,在这几周内我学到了许多,也体验到了许多。从而形成我们最初的纲领。

匈牙利乡村最大的问题之一是没有工作可做,这是在这次旅行中留下的最深刻的印象。数十万人寄希望于来一个投资者,为他们创造工作岗位。当然,这个好心的投资者压根儿就没想去那些无法到达的地方,因为没有公路,没有铁路,没有任何基础设施。另外,在这些地方也没有经受过适当培训的劳动力,因为年轻人不想也不会学习,正如他们的父母也没有接受过教育一样。因此这次旅行中的这些经验催生了我的一个想法,即在匈牙利乡村,道路建设和普遍的基础设施的发展不能再继续等下去了,要根据需求进行基本的培训。

另一个重要的认识是,退休者的生活非常差。人们,主要是在乡村,就靠几千福林的退休金维持生计。我知道乡村的生活比城市花费要少一些,需求也不一样,但靠这些钱是无法生活的。特别是孤寡老人的命运非常令人震惊,因为独自维持一切比起两个人来要困难得多。另外,护士排着队去商店当收银员,因为那里挣的钱多一倍。这是灾难性的,因为他们当初上学的目的并非为了这个,正常的生活和秩序被颠倒了。

我发现,在农业劳动者中农场主们也不喜欢欧尔班-托尔詹政府,尽管这个政府不断地谈论家庭农场。之所以不喜欢,是因为在这段时期负债累累,他们感到领导人不关注乡村,没有让他们为加入欧盟做准备,他们表示失望。政府在农业领域想做什么是无法预测的和没有计划的。从与人们的谈话中可以得出结论:可以确定政治方向了。

你什么时候第一次感到社会党的自信又开始回来了?

必须把两个概念毫无条件地区分开来:自信和信念。社会党人对于在选举中获胜是没有信念的。他们的自信则是时而根本没有,时而又太多了。我认为有这么一个信念是重要的:我们的确是正确的,我们是好的,我们能获胜。我看到,从2001年秋天起,这个信念开始在社会党、它的阵营以及非常想看到变化的知识分子中增强。这些人未必就是社会党的信徒,但他们想要一个不一样的世界,不一样的政策。

而我呢,一直到最后都相信我们将赢得选举。假如一个人不相信胜利的话,他就不可能把一个竞选活动进行到底。三心二意地工作是不可能赢得选举的,只有深信自己是正确的,我们才能获得成功,取得成果。这个信念一直带着我向前走,后来慢慢地感染了我周围的人,他们又感染了社会党的同情者,所有这一切又以某种方式感染了媒体和大众。可以获胜的那个信念回来了,尽管在第二轮投票之前民意调查结果对我们并不太有利。

在第一轮之前,我们的形势非常好,效果不错。后来,政府那边突然醒悟过来了:他们用非常具有挑衅性的竞选活动使舆论转过头来针对左派。受其影响,民意调查数据发生了非常大的变化,最后看样子青

民盟将要赢得选举。

讲了这么多，我只是想说明信念是最重要的。谁对胜利有坚定的信念，谁就将赢得 2006 年的国会选举。

在社会党内，说服谁——向谁灌输新的信念是最困难的？

在社会党内，保守的社会党人的力量非常强。在这里我指的不是政治意义上的保守主义，而是指他们的态度，即对习惯、传统、社会党以及社会党之前时期的左派传统的坚守。这些党员不接受现代的左派应该向自由思想的方向开放，不接受宗教信徒也可以成为左派。冲破这些墙壁和堤坝非常困难，为了获胜，要么我说服他们，要么他们把我抛弃——我不知道。不管怎么说，一段时间过后，他们就不和我争论这些问题了，这非常重要，因为在党内这是一个重要的阶层。今天依然如此。

既然你提到宗教信徒，我们有必要谈一谈教会在政治竞选活动中的作用。

在我们这里，教会对人们在选前思想的影响程度很深，这在现代欧洲几乎没有。教会的工作是影响人们的思想，这是完全正常的，天主教会两千年来一直在这么做，且很成功。我的烦恼不是这个，而是在每日的政治决策中不应有教会的位置！教会不可以通过说哪个是好党哪个不是好党，谁是好领导人谁不是好领导人这样的话来影响人们。

其实，社会党的价值观在许多问题上与天主教的价值观没有差别。因为团结互助、共同承担责任、助人、机会的改善等出现在基督教或者犹太教的价值观中，我们在社会党的价值观中也可以找到。

因此假如天主教会的领导人按照价值观来决定给信徒们建议哪个政党，那么建议社会党的次数至少应该和右派党一样多。但与此无关的是，我今天依然持一种观点，即根本不允许他们加入这样的政治游戏。一般来说，我不想谴责天主教会或加尔文教会，但肯定曾经有过而且现在也有一些牧师，他们在整个事情上起了令人震惊的和不光彩的作用。

有许多次我同教会领导人见面,我请求他们保持中立,不要直接影响选民的决定。我会见过的教会领导人埃尔德·彼得、瓦尔塞吉·奥斯特里克或者比如当时的老马教皇使节,他们都有现代思想,是我所赞赏和尊敬的教会领导人,他们都说他们的想法和我的一致。他们认同我所宣布和代表的价值观,但他们总是说,一个牧师在小村庄里传道时讲些什么,他们对他是没有直接影响的。这使我们的处境非常困难,因为在一个荒凉的村庄里人们的确只听牧师在讲什么,因而很难改变这个现状。另一方面,有一部分高级别的牧师不中立。许多次我遇到他们对社会党或对我表现出不信任。最后,我们几个人所说的话产生了某种效果:我们不仅要期待教会发生某些变化,而且社会党在有关宗教信徒、宗教和教会的问题上也要有不同的思维方式。有现代思维的牧师和信徒对此是敏感的。

在2002年的竞选活动以及后来的欧洲议会选举中,可以注意到你从来不愿参与消极的竞选活动,也从来不使用消极的竞选手段。与此同时,生活还是迫使人们使用这些手段,因为另一方也在利用它们。

在表演艺术上有一些性格化的角色。我认为毛尤尔·陶马什是匈牙利最伟大的演员之一,扮演古典的反派角色是他的拿手好戏。他的表情、出场、声音在每个人看来都是真实的。但很难设想让毛尤尔演爱情剧里的主角。而其他人则能把这样的角色演好。

拍桌子、骂人、说粗话、玷污别人的名声,这些都与我的个性不符。与此同时,我知道:在竞选活动中,遗憾的是,这些表现都是不可避免的。因而需要一个分工,每个人各司其职。大家都知道,一个人是不可能赢得大选的,而是需要一个队伍、一个团体,所有的成员一起行动才能打动人们的心。

当一个竞选活动结束、一个政党赢得选举时,许多人会要求得到回报。他们说:"我如此卖力地帮助了你的竞选活动,请给我一份体面的工作,让我干四年,工资要高,头衔要显示出社会威望。"

当知道在竞选活动中我有多少帮手时,我彻底愤怒了。其实真正

的帮手并不多。当然，每个人事后总是在想，他投了获胜者的票。在他的记忆中，他一直同我们在一起，而他其实只在共和国广场上举行的庆祝活动上出现过。在共和国广场和总理府周围冒出了不少陌生人。事后已经非常难以确定他是否帮助过我们，是否真的支持过我们的政策，因此他可以冠冕堂皇地站到队里来。

曾经有一个团体，它与整个竞选活动没有任何关系，但其成员却要求得到回报。然而，大部分要求得到回报的人——我认为——被成功地排除掉了。我之所以不敢说是全部，是因为一段时间过后，不可能对每个想达到某种目的而提到总理名字的人进行审查。他只说，彼迪这么说了，他支持这么做或那么做。很少有人熟悉我到了知道这件事的地步：假如有人谈起迈杰希·彼得时称我彼迪，那么他压根儿就没来到过我的身边。我这一生中，还从来没人把我叫彼迪，谁的嘴上也没有这么说过。但我敢肯定，这些事后要求得到回报的人中有一部分提到我或者科瓦奇·拉斯洛的名字，并最终得到了某种不应得的职位。

还有另外一个团体，其成员的确帮助过我们，我们的确欠他们的人情。对我来说，那样做是不道德的：当需要干工作的时候，我期待他们来帮忙；当我们成了获胜者，赢得了选举，然后我把一切都忘掉。政治家经常这么做，但这不是我的作风。我在想，我对那些与我一起斗争、工作、痛苦、期待和忧伤的同伴们的确负有某种义务，这取决于现在我们处于什么样的状况。当然，那些与我们一起取得成功的团队成员，可以有权利要求获得某种承认。出发点是能胜任政治角色，工作也要有业绩。

你什么时候开始思考政府名单的构成的？

第一轮投票后我就开始认真思考了。我用手写的那个名单至今仍在保险柜里，在这个名单中，我对不同的职位都有自己的设想。后来，这个名单经过多次协商而获得通过，我与社会党领导层有过争论，与自民盟也必须达成一致，因此要照顾到非常多的观点。

你没有犯霍恩·久洛请你当工业部长时的那个错误吗？

这也是警告,因为假如社会党党内不接受头号人物霍恩·久洛,那么我作为外人,假如我不能事先就几件事情达成协议的话,党内也不会接受我。

我要说一句,社会党接受了我的大部分设想,获胜者总是有理由随心所欲。所有人都接受我在选举的获胜中发挥了非常大的作用,他们感到我有权利说:我要与谁一起工作,我们要向何处去。因此没有出现真正激烈的、大的争议。

第一个政府的确是按照我的设想组建的,也许有一两个例外。我不否认,现在的某个政府成员不是我提名的,但社会党面对我的提名还是支持他,因为他们认为他为获胜比别人付出得多。他们还说,他以前作为反对党的一员在某些事情上发表了与社会党的立场有关的评论。这给他们留下了深刻的印象,以至于在 2002 年他们把他争取了过来。今天我的观点依然是,从专业角度看我最初提名的人选要好一些,但不值得打听他们的名字。

在政府更迭时,匈牙利舆论已经习惯了:当新的团队面对真正的经济形势时,竞选时的许诺顷刻间化为乌有。这个时候,人总是清醒的。与此相反,你却几乎没有提到问题有多大,而是开始实现竞选承诺,即开始收入分配。

我在这里犯了一个大错误。在翻阅材料时我才知道,匈牙利经济的平衡状况是用各种技巧美化过的,真正的状况要比前政府说的糟得多。我没有站出来把这个告诉人们,而是强调:经济中有困难,但我们信守诺言。

今天我自己也不相信,不应该制定百日纲领,不应该发展高速公路和公路。我只是想,我本应该站到人们面前,明确地告诉他们经济状况比期待的要糟,因此在接下来的一个时期应通过削减支出而平衡预算。假如我当时这么说了,那么不管是政治家还是舆论都会理解,在接下来的一个时期应该实施更严厉的经济政策。

本应该更好地解释,我们为什么要做某件事情。我没有做到这一

第八章　竞选活动和社会党人政府的经济政策

点,因为我当时的感觉是,步前任总理的后尘是不正确的。从安托尔·约瑟夫到欧尔班·维克托,每个人都站出来说:"情况比我想象的要糟,因此我们不信守诺言。"与此相反,我看见了堆积如山的问题,但没有允许自己说:我们不信守诺言。

好吧,但假如经济状况在政府更迭时比你预期的要糟,那为什么不能实施一个至少是小一点的福利计划? 你在意这方面的评论吗?

我当然在意评论家们究竟为什么不遗余力地强调百日纲领是多么大的错误。当时,谁也没说这个百日纲领糟糕,不允许实施。因为每个人都在期待着更可靠的匈牙利的政策出现,每个人都要求我去解决某些真正的、大家都熟悉的、以前没有解决的问题。现在每个人事后都在说,他实际上当时就已经看到这是典型的大错误,它破坏了我们的机会。

我在这里说一点题外话:最让我生气的是某些政治家和分析家,今天说他们当时就看到这会出问题,可当时他们并没有说。分析家们以一种有意思的方式,犯了和政治家一样的错误。他们要在政治的外围度过一生,但已经置身于政治的引力之中。新闻记者和分析家就生活在这个魔力圈之中,对于政治错误他们有时会迷失自己。我这么说的目的是什么呢? 在我的眼中,有一种态度完全是罪恶,当有人说:"之所以不允许在执政初期采取某些措施,是因为在执政末期将不会留下足够的机会去采取那些措施,通过这些措施人们将重新选举同一个政权。"

这之所以让我很生气,是因为我坚信:假如有应该解决的问题,那就不能玩手段。不允许说:"我知道真的有问题,我知道应该解决,我知道人们在受穷,但现在我不采取措施,而是要等上几年,就让上帝的子民们先忍受几年,让他们受苦吧,让他们生活在贫困之中吧,然后在选举之前他们将得到想要的东西,因为他们那时将对糖果的滋味记忆深刻,他们将会选我的。"这是完全反民主的做法,对我来说是不可以接受的。

再回到百日纲领上：我感觉自己的错误是，我没能真正地把提高工资与那些同样有必要且合理的改革结合起来。这里的问题是，假如我已经坐在了总理的位置上且有了决策权，我究竟有多大的能力发现：假如我只解决问题的一个环节，为人们的利益迈出了一大步，但这只起过渡性的帮助作用，因为我没有解决根本的问题，而烦恼的一部分又重新滋生。我掉进了典型的陷阱之中：采取某些措施充满诱惑，不采取某些措施也充满诱惑。我没有立即启动改革，不是因为我害怕改革。我用养老保险改革证明了我对基本的变化所肩负的义务。我说这话是问心无愧的，因为是我为它做的专业上的准备，我组织的讨论，我把它提交给了国会并实现了它。

但 2002 年，我的时间非常紧迫。我想兑现竞选承诺，想减少社会不公，因此我知道我不能等待一年或两年，我必须迅速采取措施。只是在健康和教育领域，我们与制定改革计划之间有很大的距离！

前面已讲过，社会党没有很好地利用 1998 年至 2002 年这段当反对党的这段时间。它对大的分配体系的根本性改革没有深思熟虑的、预先准备的、成熟的设想。我必须作出选择，并以熟悉的方式作出决定。在把工资提高 50% 并对最低工资实行免税之后，我们开始做改革的准备工作。到 2004 年夏天，我们准备好了对健康和教育体系进行根本性改革的法律草案。至于其中的多数设想至今也没有变为现实，而且只产生一些模棱两可的决定，这则是另外一个问题了。

在这些基础上，也许我不必说：我今天感到遗憾的不是我采取了那些"分配"——在几个分析家眼中是平民主义的——措施，因为我的断言是不变的，即匈牙利经济的能力能承受这些。不过，我接受一个批评，即这些改革至少应该在宣布提高工资时一起宣布，而且我应该更坚决地警告企业和社会，这将会有严重的经济后果。

在一个总理是经济和财政专家的政府里，当然他还有一个财政部长，如何指导经济政策？

事实是，当总理是懂经济的宏观经济专家时，他对经济和财政部的

每日生活必然干预得少,然而监督却更强了。我认为,我不允许也没必要干预我的财政部长作出的具体决定。他们会考虑到假如把某种在经济上、专业上站不住脚的东西递交给政府时,我会立即看出来。我给了他们很大的自由度,但他们总是可以感受到监督。

只是,超过一定程度就很难说清,比如对普通流通税收入的估计是否与现实相符。在某些问题上,就需要财政部长或经济部长的帮助了。

从这个角度讲,你最大限度地信任拉斯洛·乔鲍?

我今天也要说,拉斯洛·乔鲍是个好财政部长,是好的选择,我请他当财政部长的决定是对的。我和他在财政部一起工作过许多次。在他还是刚参加工作的年轻人时,我就和他共过事。后来他走上了领导岗位,我也看见了他的成就。在博克罗什·拉约什实施紧缩措施时期,他的工作是坚持不懈的和认真的。在我身边,他也完成了自己的任务。我了解他的专业知识和学识。我信任他。真正的错误也许是,他过分地想接受我所说的或期待的。而一个财政部长要做的不是这个,而正是要对总理所说的提出异议,要表现强硬,要说出真实的情况,要与他进行辩论。我失望的地方是,他没有直接说出:财政部做的那些经济预测没有得到证实。情况将比我们说的更糟糕。

奇怪的双重性是我的总理任期的特点。一方面,在这个时期国家财政预算以可感受到的方式改善了,2002 年国家财政赤字是 8.5%,其中的 90% 即 8.5% 中的 7.5% 属于前任政府遗留问题的后果。大约 1% 可算在百日纲领的头上。后来,到了 2003—2004 年国家财政赤字降到了 5.4%。因此下降幅度超过 3%。可以说:假如我们一直拿着这个指标站出来的话,舆论、欧盟、每个人都会轻松地说,这是一个神奇的经济政策,这是一个了不起的政府,因为它在两年中把国家财政赤字削减了 3%!

问题在于——这是双重性的另一面——政府许诺的总是比做到的多。我们的想法是,我们高估了自己的实力,高估了匈牙利经济的实力,过分乐观地看待未来,但我们还能取得更大的改善。我们的这些设想没有实现,因此政府合乎情理地失去了可信度。而财政部长是有过失的,假如他没有使政府和总理回到现实之中,没有说我们将不能实现预先的计划。总是在最后时刻事情才真相大白的!

财政部长在市场面前失去了可信度,政府在市场面前失去了可信度,这是财政部长的责任。出于这一原因,我决定更换部长。说得更明确一些:拉斯洛·乔鲍不是在专业上有问题,而是缺少政治胆识。

后来你选择了德劳什科维奇·蒂博尔,从这个角度讲完全合乎逻辑,因为你要找的是那样的人,这个人肯定要说出真实的材料、数据和过程。另一方面——你也提到过——许多人都说,假如德劳什科维奇继续担任总理办公室主任,那么在你和社会党之间肯定会产生另一种政治气氛。

是的,这个我也知道。

因而国家的情况在好转,而你的情况却在恶化。

也可以这么说。但我知道,找到一个那样的财政部长是非常重要的,他要有能力增强信心,人们相信他是强硬的、坚决的,他懂专业,有政治上的支持,有政治背景。德劳什科维奇·蒂博尔从这样的角度讲是一个好的财政部长。我坚信,不仅在我当总理时,而且在我的继任者当总理时他都是这样的一个人。2004 年夏天在我们起草 2005 年国家财政预算时,我委托他提出一个非常强硬的,所谓"零基础的"预算。其实质是,根本不保证每个机构的生存,原因只是它们去年存在过,我们现在维持某些机构,其他的则予以清算。这是非常严厉的政策,在一次非正式政府会议上,德劳什科维奇·蒂博尔受我的委托把这个政策讲了出来,这在政府里引起了一致而又明确的抗争。实际上每个部长都在抗议,认为这是荒唐的,不能这么做,这么做行不通。反抗之声非常大,撇开有关的人士,不管是来自社会党还是自民盟,两党都不支持,因为两个党的国会党团负责人出席了这次会议。

这种态度对澄清各部之间的重合起到帮助作用了吗?

没错。这意味着非常大的改革,意味着与习惯了的生活的决裂。

本应需要完全不同的态度,部长们害怕冲突,因为他们已经感受到了 2006 年国会选举的气息。因此这种愤怒,或者紧张,或者反抗注定了德劳什科维奇在久尔恰尼政府时期的命运,因为他们没有忘记这件事。那时,他承受了非常激烈的冲突,与某些利益集团和占据舒适职位的人发生碰撞,这不是非常受人欢迎。

你今天依然认为,假如这个政府有机会继续执政,那么应该在这个基础之上开始改革?

这是肯定的,不过应该向两个方向走:一方面需要改革,另一方面需要紧缩。许诺 2006 年以后可以减税的政策是可耻的。在国家承担严肃的国际义务的情况下,我们没有任何理由这么做。因此税只能在那些完全确信有收入盈余的地方才允许减。减少流通税并不能带来灰色经济的漂白。

其次,需要一些改革来确保国家有长期运作能力。我认为,一要继续养老保险改革;二要对医疗体系进行全面改革;三是在学校和教育体系中,要做到假如孩子少的话,就不能有同样多的教师和同样多的学校;四要减少行政机构,包括对整个自治政府体系进行改革。这些属于改革的范畴,短期内不会带来节省,但却是一个国家保持长期运作能力和竞争力所必不可少的。

因此,有税,有改革,还有第三要素,即紧缩。在 2007—2008 年,紧缩是不可避免的。这不总是意味着减少同一个机构的开支,而是要保留某些机构,其余的则应予以关闭。因此,2004 年夏天提出来的政策——它的实施当时遭到了阻碍——在 2007—2008 年这一政策的实施无法避免。

在两年半的时间里,你在原始的经济设想中实现了什么?你最大的缺憾又是什么?

在这些经济设想中最关键的是事情,从 2003 年起匈牙利从以消费为中心的经济重新回到由出口和与出口有关的竞争领域的投资拉动的增长轨道。

其次,政府从一开始就不断地宣扬发展基础设施。从这个角度讲,久尔恰尼政府值得称赞,因为它始终不懈地坚持了我开始做的事情。公路、高速公路、连接路、绕行路的建设对匈牙利生死攸关。布达佩斯很少能感到这一点,因为在过去的几年,首都的整个世界以令人震惊的方式停滞了。但如果看一下布达佩斯以外的部分,包括环路在内,可以看见基础设施在那里的发展。这是政府的第二大功劳。

第三,在 2003 年和 2004 年,我们开始用一个严厉的政策来平衡2002—2003 年实施的非常大的福利计划。因此可以明显看到,我们试图整顿和恢复财政预算。也许我还可以提第四点:各地区开始追赶了上来,2001—2002 年匈牙利特有的巨大的差别开始减少。

缺憾体现在哪里?

真正的缺憾与改革有关。我已经指出过,假如有经常性的选举,那么改革就很难进行。另外,在我们开始执政时,在任何一个领域也没有现成的设想。医疗改革也只是在 2004 年夏天才准备好,这时我们已经到政府交接的时候了。我的继任者没有启动这一改革。但我说这些不是为了逃避责任,只是说出事实,在改革领域我不替自己开脱。

这就是我们的最大的缺点,除此之外还有一个公关的问题。没有让人们也许还有市场准确理解我们的经济政策要达到什么目的,我们想去哪个方向。

就财政平衡而言,我问心无愧,因为正如我前文所提到的,砍掉3%的赤字是最大的限度了,这是可以做的。我敢肯定的是,假如我们与拉斯洛·乔鲍和德劳什科维奇·蒂博尔一起启动的严厉政策在2005 年和 2006 年能够得到继续执行,那么我们离实施欧元会比今天更近一些。尽管如此,我一直说,2011 年实施欧元并非不现实。

第九章

权力的滋味和权力游戏

前面我们已经谈过,一般情况下一届政府真正执政的时间只有两年整,因为准备上一次竞选活动和下一次竞选活动已经占去了第一年和最后一年。而这两年还会被欧洲议会选举拦腰截断。实际上没有一年是平静的,每年都得把精力集中在某种竞选活动上,这对政府的工作有多大的影响?

自政治制度改变以来,每位总理都完成了自己的任期,这是没有先例的。安托尔·约瑟夫是个例外,他去世了,但一位总理辞职也是没有先例的。在两年零四个月的时间里,国家举行了四次选举,这同样是没有先例的。开始是国会选举,接下来是自治政府选举,然后是就加入欧盟问题举行的全民公决,最后是欧洲议会选举。

这使政策和政治家们经常处于斗争之中。显然,在这样的环境中很难实施根本性的变化措施。假如一个人知道两个月后又有一次选举,那么他是不会开始实施这样的措施的。总之,因为这样的竞选活动,我们的活动余地严重变小。

2002 年的竞选活动是成功的,你们获胜了,你组建了政府,在自治政府的选举中你们也获得了压倒性胜利。但欧洲议会议员的选举却根

本没有为社会党人带来胜利,他们失败了而且有点儿溃不成军。

是的,那是一次完全没有成效的竞选活动,缺乏内部监督。正常情况下,竞选活动的顾问说出自己的建议,而决策者要么接受,要么不接受。在国会选举期间我的竞选活动就是这么运作的。

在欧洲议会选举时,社会党人尤其是科瓦奇·拉斯洛和我之间的关系已经有点儿尖锐化。由于这一点,我想我现在应该执政了,而不是参加竞选活动。我希望,我在 2004 年 2 月份的国会讲话中提出的关于公共权力的建议已经定下了基调,尽管我自己也不相信每项内容都能实现。

我的建议的要点是,应通过总统直选和推行另一种选举制度,让人民发挥更大的作用。另外,在政党之间应该实现更正常、更紧密的合作。我提出将各党共同的议员名单带进欧洲议会的计划,并想以此作为这种合作的象征。

这些建议自然对公众的思想、对舆论产生了影响,但欧洲议会选举的基调却不是由这个决定的。它是由写着"撒谎船,撒谎潮"(欧尔班 1998—2002 年执政时,曾聘请一家名为"银船公司"的电影制片厂为其出访等活动拍摄影片。"银船"公司共从"全国形象中心"得到 4.6 亿福林,后受到指控。2004 年 11 月,首都检察院停止调查,宣布"银船"公司与"全国形象中心"之间的合同不违法。——译者注)的宣传标语决定的……

这个消极的竞选活动遭到了很多批评。

这是非常消极的竞选活动。我不参加的原因不仅是因为我的做事方式不是这样的,而且因为我想这是不会取得成果的。我没有监督竞选活动,因为总理要做的事情不是这个,它是党的主席应该做的,但科瓦奇·拉斯洛没有把任务承担起来。

他延续了在 2001—2002 年养成的行为习惯:他是一个有进攻性的、好斗的、在一定情况下言语粗鲁的政治家。因此他没有危机意识,想不到这个基调将决定整个竞选活动的成败,而且不会获得人们的同情。在不成功的竞选活动之后，许多人怪罪容·韦伯和其他的顾问。我要说：顾问要做的事情不是解决问题。他只提供建议，而听取建议的那个人才应该负责。

你和科瓦奇·拉斯洛之间的双驾马车关系是怎样形成的？在2002 年看起来运作得还不错，但在 2004 年春天的欧洲议会竞选活动期间，公众已经能清楚地看到，这种关系已经非常紧张了。只举一个例子：新闻节目的编辑们很难决定，应该报道谁的竞选活动。这个时候，政党可以根据新闻法提出建议，但在社会党的名单里没有你的名字，而在这期间你在全国举行了好几场大会。

我和科瓦奇·拉斯洛的关系有年头了，而且有趣。我从头讲起吧！科瓦奇·拉斯洛 20 世纪 80 年代末是个好的外交国务秘书，后来从1994 年起他是一个很好的外交部长。在他当国务秘书时，我就与他共过事，当时我是副总理。1988—1990 年，我负责国际经济关系。作为国务秘书，他当时肩负了很多外交部的工作。他不仅高水平地完成了任务，而且思想现代。

在霍恩政府里，我们一起工作了比较长的时间。在我第三次接受财政部长职务这件事上，他发挥了相当重要的作用。这一点我们已经谈过了。后来，我们的关系也是非常友好的，我们非常理解对方。

科瓦奇·拉斯洛一直是霍恩·久洛的"人"，他接替霍恩当上了党的主席。但霍恩的总理职务的接班人却不是他，而是迈杰希。你们是因为这个才疏远的吗？

我提到过，在 2001 年提名总理候选人的党代会召开前，我和科瓦奇·拉斯洛有过一次谈话。他说，他不想提名自己。我询问了他的长远打算，他回答说最想在迈杰希政府担任外交部长。这听起来不错，尽管我的天性是不猜疑的，但这话仍引起了我的怀疑。因此我问他，他更长远的打算是什么。

他承认他的长远打算是，在国家加入欧盟后当第一个匈牙利欧盟委员。对此我当然只能回答说，如果我当了总理，我将保证他得到这个

职位。这个话题我们以后有机会再聊。因此,我们之间形成了一种联盟。

这里面有什么隐秘的意图吗?

你是说我想摆脱科瓦奇吗? 我后来读了马基雅维里的著作,至少是第二次读,可能以后还会读。也许,我永远不会将马基雅维里视为我的榜样。因此,我不是想摆脱他,而是真的想与他缔结联盟,因为我看得很清楚,在以后的时间里我非常需要他的支持和力量。

这是一种好的意义上的交易:在他的支持下,我使这个党站在了我的身后;而他也从我这里也得到了他成为成功的外交部长和日后的欧盟委员所需的一切。如果你同意的话,联盟的另一种说法是双驾马车,这表达了我们之间的相互依赖。我们俩的双驾马车就是这样形成的。

你和他之间有没有价值观或者哲学上的差别? 我指的不是政治上的,而是价值观上的差别。也许有行为方式上的差别?

说得确切一点,我们的差别表现在行为方式上。我不相信科瓦奇的价值观与我的有很大的差别,他也信奉社会民主党的基本价值。他的本性是自由主义者,这一点和我一样。他严肃地思考致力于世界政治和外交中的那些做法,我对此也表达过自己的看法。

应该说,在竞选活动期间,包括竞选活动之前和之后,科瓦奇在处理经济问题上有了很大的长进。以前,在当霍恩的外交部长时,他对经济没有表现出任何兴趣,但后来学会了很多东西。在竞选活动中他是一个伙伴,我们之间有预先制定好的、贯穿始终的、有意识的分工。他为获胜做了很多工作。我们之间的差别——如果我使用有礼貌的措辞——他是个传统政治家。如果使用不太有礼貌的措辞,我会说:我们之间有行为方式上的差别。他清楚总理职位不是他的,他应该放弃它。但他在内心深处依然渴望得到它,对于这个永远得不到的职位,他只是不甘心而已。

实际上他从总理的职权范围中得到了一些东西,因为他在领导外交政策。

当然,他是外交部长,但这又是一个非常独特的情况。假如你观察一下自霍恩以来的各届总理,就会发现:每个总理都隐藏着一种欲望,即由他决定外交方针,由他搞外交。在我接过政权后,我就清楚地看到了这一点,于是我对科瓦奇说,现在不会这样了,但后来我也涉猎到了这个领域——外交战略最后是由我制定的。

因为在欧盟内部,外交政策棘手的、重要的部分一般会成为政府首脑会议的议题。

从根本上说,与他的前任或后任相比,在外交政策真正的决策上他拥有更大的发言权和影响力。我们之间形成了很有趣的关系,在很长的时间里我们的冲突没有浮出水面。我要补充一句,在加剧关系紧张方面我们俩人的机构都表现突出。他的团队对我当总理是反感的,他们认为这个职位应该归他。而他自己也相信,他也是可以赢得这次国会选举的。我的机构尽管采取的是防御姿态,但仍然不断地暗示说,这里出现了某种很紧张的关系。这种紧张关系在一定程度上是由人为因素造成的。

我们就这样日复一日地生活并做着我们的事情。我不能说,这期间我们曾公开地相互对抗过。他其实是相当好的外交家。他十分谨慎,从不在党的主席团、政府会议和党的委员会说我不喜欢听的话,说与我跟他谈过的不同的话。

第一个例外是欧洲议会选举之后的那段时间,看得出他在替自己开脱。社会党最初的决定是——也许是由于我不愿参加这次竞选活动,也许是由于他的雄心——把请总理出面帮忙降低到最低限度,这个竞选活动首先是党的事务。我们已经谈过了,这次消极的竞选活动没有成功,左翼失败了。当然,实际情况还包括,在 25 个欧盟成员国中,几乎没有一个国家的执政党在欧洲议会选举中有良好表现!

社会党决定不让你参加竞选活动是徒然的,你还是卷得很深。

当主要的执政党举行竞选活动时,人们不可避免地寻找总理,即头号人物在哪里。最后在评论选举结果时,每个人都认为,人们是在以此

第九章 权力的滋味和权力游戏

对政府发表意见。在国会任期过半时,会不可避免地出现对政府的忧虑和反感。整个欧洲的选举都证明了这一点。除两三个国家外,所有的地方都是反对党在欧洲议会获得了更多的席位。当然,匈牙利也是如此。其实,社会党输得并不算惨,但反对党不失时机地利用了这一点,我们的公关团队太弱,社会党人变得越来越紧张,党内暗潮汹涌。

选举结果公布后,社会党在第一份公报中批评党主席科瓦奇·拉斯洛,理由是:竞选活动没做好,组织工作不力,不能令人信服,社会党没有让人们感觉到它的存在,没有用所取得的成就说服人们,没有用欧洲的未来说服人们等。他们把所有的责任都推给了科瓦奇。在这里面——我再说一次——他有责任,因为他决定了竞选活动的基调和粗鲁的风格。我依然感觉到,把他一个人作为替罪羊是不公正的。社会党想更换党主席,想用年轻的一代取代他,想看到不同的行为方式和更现代化的思想。他们想抨击科瓦奇。结果,科瓦奇的心理产生了一种自我保护机制。这种保护机制的实质是,在这里并非竞选活动没搞好,而是政府的工作没做好。人们对政府是要发表意见的,因此可以肯定,以迄今的风格和成就无法赢得 2006 年的国会选举。这时的科瓦奇心里别有一番滋味,所有以前受到的伤害都涌上心头。他有了明确的想法,即还有另一个替罪羊:选举惨败不应由他,而是应由迈杰希来负责。在我的解读中,这就是科瓦奇的心态的实质。

令我遗憾的是,他故意回避和我进行一次深刻的、心平气和的、分析性的谈话。在这里,我感觉到了我们之间在行为方式上的差别,其实我们在精神上是离得很近的。他没有和我谈话,而是和社会党的几个领导人选择了没有文化的、不温和的解决办法。也许,这个决定是现实的——这在 2006 年会水落石出。2006 年之后,若政府仍能在社会民主党和自由党的价值观基础之上产生,我只能欢呼了。假如我的辞职能为左翼带来成果,我会欣慰的,但我永远不会原谅那些谋划让我下台的社会党领导人,因为他们没有能力用正常的人性化的方式处理局势。

显然还有一个问题,在发生了这样的事情之后,我究竟为何提议科瓦奇·拉斯洛去当欧盟委员。

你没有提议鲍拉日·彼得,在布鲁塞尔每个人都认为他本应是更好的选择。

我有一个许诺,是在我们非常需要对方的时刻许下的。我认为,在这样的情况下不信守诺言是不对的。问题在于,他本人很难决定他到底要什么。他在权衡,假如成功地让我离开总理职位,那么他是否有机会当总理。他很可能得出了否定的结论。但就在他沉思的时候,所有的好的委员职位——鲍拉日·彼得得到了区域政策委员的职位——都给了别人了。最后,我只能在最后关头提名匈牙利的委员,因为科瓦奇·拉斯洛一直犹豫到最后一刻。

必须说出不能再这样下去的时刻到来了!一个周末,我正和妻子散步,欧盟委员会主席若泽·曼努埃尔·巴罗佐打我的手机,他说最后时刻到了,假如我星期一不给他上报一个名字,那么他就无能为力了,他将公布说,24个国家都已提名了欧洲委员,唯独匈牙利没有。这是讹诈,但却完全有道理。我对科瓦奇说:"劳奇(科瓦奇的昵称。——译者注),你有一个钟头的时间作出最终决定。"这时候,他终于想清楚了:与让迈杰希下台并当他的继任者相比,这是更有把握的职位。于是,他答应去布鲁塞尔。

他为什么如此需要权力?是因为权力的滋味吗?或许他不理解,为什么在你身上不能明显地看出你在享受着权力?

这个就来由他来写吧!但事实是,在我任总理期间,我一直为权力的滋味而烦恼。我有一个非常可爱的朋友,我不知道夸他是银行家是否合适,因为今天人们不喜欢银行家。在获胜后他对我说:"彼得,躺下去,享受权力吧!"他说这话完全是一片好意。因为他在想,我一直在为权力而奋斗。不管是当时还是现在,我都认为这是团队的功劳。不是我赢得了国会选举,但事实是,没有我两党联盟不会获胜。我的朋友认为,我应该流露出享受这个权力的样子来。说真的,政治家的特征之一就是容易(不管其头脑清醒与否)醉心于权力。而我却不是这样

第九章 权力的滋味和权力游戏

的人。今天我也不会为此而感到惭愧。

你迟早应该清醒。

人们期待我表现出哪怕是一点点的对权力的沉醉。我没有这个能力。这倒不是因为我厌恶权力。我清楚地知道,假如要干成什么事情,就需要有权力。只是我不享受权力,因为它不能给我带来满足。我没有感觉到这对我是一种特别的东西,似乎我掌控了生死,可以解雇谁或让谁升迁,因为是我在作出决定,我是头号人物。因为在匈牙利的公权制度中,毫无争议总理是拥有最大责任和最大权力的领导人。只是我没有把它看作令人沉醉的东西,我与权力的关系不是人们可期待的政治家和权力的那种关系。

这不是赞扬,尽管也不是自我鞭笞。我仅仅只是想说,这是我的特点,我的性格,它既让我赢得了国会选举,但同时也导致后来我失去权力。

因为这两者关系紧密:人们渴望某人上台,这个人对权力表现出的喜爱程度不能像前任那样过分。欧尔班·维克托真的享受当总理的感觉。他陶醉在其中。许多人对此感到厌恶。他们认为,这个国家需要一个有另一种思想的人。就结局来说,假如我对权力再贪恋一点的话,那么在 2004 年夏天或者更早的时候,也就是春天,我肯定会作出妥协的。果真如此的话,我可能今天还是总理呢。

我再强调一遍:我认为这不是美德,但也未必就是罪恶。我和权力的关系就是这样的。

在我当财政部长时,情况完全不一样。那时,我非常知道充分利用财政部长的职位赋予我的权力。在这个领域我游刃有余,我了解经济规则胜过了解政治规则。我把自己的工作安排得很好,我为自己挑选了得力的助手,无人对此提出异议。我是有威望的,因为作为经济内阁主席,那些经济决策实际上是由我作出的,政府只是通过而已。那时,所有的关系都很明确,我不知道可不可以在好的意义上使用这个词,但人们都怕我。这意味着什么呢? 意味着严重的后果,比方说,假如环境部的工作没有达到经济内阁主席的要求,或者农业部长时不时心情沮丧地返回自己的部门,因为他在想,与迈杰希争吵是不对的。

但2002年情况就不一样了:不需要畏惧迈杰希这个总理候选人和总理,整个国家为之感到耳目一新。因为人们畏惧欧尔班·维克托。2001—2002年,整个社会的呼声就是不想再继续畏惧总理,而我犯的错误也许就在于我太相信这一点了,到最后人们一点儿也不畏惧我。而这样又不对了。

权力有其特有的本性,力量一定是它的一部分。人们不畏惧的权力迟早会崩溃。道理就这么简单。也许,假如今天我是2002年获胜的总理,那么我会更好地采用我以前当财政部长时采用过的方法。无论如何这是一种有趣的尝试。

我承认我的观点相当有个性,再谈这个话题已无益处。真正的问题是,行使权力的传统方法与民主的有效和灵活运转,能在多大程度上且如何取得协调? 断层线或协调的边界又在何处? 假如某人日复一日地面临这样的冲突,如何去解决,从何时起不能再承受这些,那当然属于个人的性情问题了。

因此,在导致你辞职的决定中,关键的一个环节就是缺乏对权力的依恋。可以说,这个问题只是在最后才引起人们的注意,尽管黑云已经聚集了好几个月。

我已多次谈过:政治的特性是,在执政中期每届政府的支持率都走下坡路,我不想以此替自己解脱,也不想掩盖我确实有过甚至现在也有的个人弱点。许多人不喜欢我时常对政敌表现出善意,这有时会给人以脆弱和懦弱的印象。另外,经济的确需要一段时间,在这段时间内它要消化2002年工资上涨百分之五十的影响。多种因素导致人们的耐心几乎消失殆尽,尽管事实表明,到2004年底通货膨胀率降低,2002年的高赤字——其中的百分之八十是欧尔班政府的遗产——到2004年底降到了一个可以接受的水平,而且可以感觉到,外资重新在匈牙利出现,从2003年起经济增长不再由国内消费,而是由出口和竞争领域的投资带动。

事实是，联合政府已经失去耐心，开始强烈地惧怕不能赢得下届国会选举。我确实在信息交流和政治上犯了错误，这又加剧了形势的恶化。作为平民，我设法在那样的地方工作，在那里人们不了解别的，只了解僵硬的党的组织机构。假如我说我只不过是以如此的心态走在了前面而已，这并不夸张，但在联合政府里人们不能容忍。我的声望因此下降。但应该说，我辞职时的民意支持率并未低到致命的地步，甚至我那时的受欢迎程度和欧尔班·维克托最好的时候不相上下，只是与起点相比下降了而已。

尽管我们在欧洲议会选举中没有获胜，但输得也不丢脸。在选举过后的这个夏天，假如我们心平气和地坐下来——分别同社会党和联合执政伙伴的领导人坐下来——看看他们对于未来有何设想，也许许多事情会是另外一种结局。只是每个人都在躲避这个谈话，而社会党人——正如在数页前列举科瓦奇·拉斯洛的"功劳"时我所说——在我身上找到了一切问题的根源，把我看成欧洲议会选举惨败的替罪羊。

假如有过这样一个起到宣泄和澄清作用的谈话，那么气氛就会逆转吗？你真的这么认为吗？

气氛未必会逆转，但做这样的设想未尝不可。但有一点是肯定的，我至少做了这样的尝试，夏天休完假后，2004 年 8 月初我曾召集相关的社会党领导人开会，包括主席、副主席、国会党团负责人和全国委员会主席。在这次会议上谈到了许多问题，自然谈到出现的问题、国会党团内部出现对政府的信任动摇、党员的不满等，因此必须改变现状。我们还谈到了几项措施，然后站到了新闻媒体的面前——这样展示出我们是一个整体并准备继续共同奋斗。在这次小范围谈话中，没有人提及目前的局面不仅需要采取某些措施，而且还关乎我的命运。

当然，我本应该感觉到这一点的，但事实是，我脑子里想的更多的是我的计划，这些计划开始进入最后阶段：医疗保险改革法律条文的草案已经准备好了，在谈到德劳什科维奇·蒂博尔时已提到的零基础预算的起草也进入尾声,政府结构改革也与这一预算挂钩。因此,度完假后精力充沛的我把注意力集中在了未来和这些大的计划上面。

假如我说,我没有察觉到任何迹象,这是撒谎。但我认为,我的支持率最多只是在党的主席团里下降,而在党内和国会党团里没有下降。我坚信,人们会现实地评估这个国家已经开始了怎样的发展,清楚地看到财政困难只是暂时的,改革不可避免,他们至少想把一两个关键的改革措施印记在脑海里。若干年后,他们可以这样提起所有这一切:看吧!这些改革措施是迈杰希政府时期社会党和自由党联合政府发起的。实际上我今天也在想,党员并没有从我身后离开,离开的只是党的领导。辞职之后,许多人找到我,让我去党代会说出真相,说出究竟发生了什么。党员已经不相信自己的领导人了,不相信事情发生的经过与参加最后一次谈判的那些人告诉他们的一样。

第十章

左派的前景

到现在为止,你一直在谈社会党,但看起来正是自民盟造成了你的失败。

从表面上看,政府内部的争论的确因奇洛格·伊什特万这个人和计划中的政府结构改革而变得尖锐化,因为后者会导致自民盟掌管的信息部解散。但在这个问题上,自民盟内部的权力斗争更重要一些。正是在这个时候,党主席昆采·加博尔的地位已经减弱。他不可能同意那样的决定,这个决定将显著削减他的党所影响的领域。因此,自民盟的自我克制消失了,它本来是可以促使我的社会党的朋友们三思而行的。

与此无关的是,我今天已经知道得很清楚了,在最后那些日子里发生的事情中,自民盟并不是主角,也许那个一直脾气不好的福多尔·加博尔例外,而真正的主角是社会党人,他们无法控制在执政期过半时的慌乱性的歇斯底里,欲不惜一切代价更换总理。

他们急切地想马上解决问题,差一点提出不信任动议。

假如他们已经作出换人决定,那么体面的解决办法应该是,他们三个人到我这里来,我们坐下来进行一次真诚的谈话,他们提议我们共同

找出一个我下台的符合欧洲惯例的脚本来。我不相信,我会抗议这样做——至于原因,我在叙述我与权力的关系时已经讲过了。

但他们没有这么做,他们提出要搞不信任动议。然而这是一个政治家所不能承受的,在许多问题上我深信我是对的,我不隐瞒自己的观点和迄今取得的成就,但也不避讳所犯的错误。一份这样的不信任动议等于是变相地说所有政府成员都不称职。于是我说:"等一下!在这届政府里,有许多优秀的专家和政治家,他们所做的工作是真正重要的和高水平的。我不能把他们推到那样的境地,让他们在国会投票时因为自己在这届政府里工作而感到脸红。"

总理职位对我还没有重要到让我卷入国会将要上演的这幕闹剧之中!我宁愿辞职,其法律后果当然也是政府停止运转,但至少我能保全自己的脸面和他们的脸面。假如我的继任者重新选择了他们,那么他们也会挺起胸膛继续做他们和我一起停下来的工作。

你认为这件事对你意味着失败吗?

失败谈不上,但我不能说,回想此事时我感觉良好。在这件事上,首先让我痛心的是,我不能完成业已开始的计划。在我的计划中我已实现了很多,但后面还有许多需要完成的任务。

所有的政治家迟早都要告别权力。有的人有一届完整的任期,有的人有两届,而有的人只有半届。在政治界这不鲜见,但在我们这里,假如事情的发生不完全合乎常规,每个人都会惊恐不已。

我试图尽一切努力,使这个国家、政府和政党谈论政治的风格更接近一个安宁、和平的民主国家。我必须承认,这个条件在匈牙利还不成熟。但这些失败和尝试却总是能使人变得聪明起来,因此在这些年里我无怨无悔。我只是希望,人们也会这样想。

在一段时间之内,我的继任者们当然要忙于确立自己的风格和形象。他们不止一次地与我所作出的决定划清界限,我的心里当然不好受。但自从他们对形势有了准确的判断后,他们对我的政绩也能进行恰如其分的评价和处理。他们认可并继续了那些我为经济振兴和改善最无保障的人的生活而采取的措施。

你已经谈过了你和科瓦奇·拉斯洛的关系。这在你辞职之前具有重要意义。现在我们应该谈谈后来的事情。一方面谈谈下一个主角久尔恰尼·费伦茨，然后谈谈你和社会党人的关系，最后谈谈你的巡回大使职务，这是你辞职后他们提供给你的。我们就从久尔恰尼·费伦茨说起吧，在很长的时间内你们都是同一条船上的人。

政治和别的领域一样，一人干不了，需要有伙伴才行。我们的关系和许多婚姻一样：在一段时间里还能运转，再往后就不行了，但却无法用天平衡量出我们的关系究竟何时、为何而恶化？是谁的错？

是谁造就了谁？是你造就了久尔恰尼还是他"成就"了你？今天这已成了一个有争议的话题。

时间会改变许多东西，但不会改变事实。事情是那样开始的，在我作为总理候选人的竞选活动启动时，我为自己寻找办公室主任。我想起了奥普罗·皮罗什卡，她曾是霍恩·久洛总理的办公室主任。我找到了她。她说不想再干这样的工作了，但她提议她的女儿可以干，其实我很早就认识她的女儿，对于她的能力我也有非常好的评价。2001年夏天，多布莱夫·克拉劳就是这样进入竞选班子的。可以说，久尔恰尼·费伦茨是通过"联姻"而进入竞选活动的，但事实又不完全是这样的。在我和竞选团队的成员开始非正式谈话时，不止一人告诉我：那个叫久尔恰尼的小伙子来了！他在思考着关于新的左派、自由主义和社会民主主义的重新结合问题。我仔细地阅读了他写的那些文章，他写的正是我所思考问题。后来，他和别人一起来谈过一次话，他的谈话是有内涵的。后来我就邀请他参加竞选团队。我还有一个选人的角度，就是寻找离党的机构距离较远的帮手，他们要具有开放性的思维。我想进行的是福卢韦吉或海泰尼时期我们进行过的那种谈话，在那里，每个人都可以有自己的观点，每个人的话我们都要听完。我要进行的不是那样的谈话，让我感觉如同在以前的政治局扩大会议上，与用晦涩难懂的语言施展计策的领导人一起围坐在桌子旁边。久尔恰尼是一个

不错的竞选活动顾问,后来他成了总理的主要顾问,当然从这时起政策和决策就是我的事情了,责任也归我。2002 年夏天,在巴拉顿湖边的一次谈话中,我们谈起了他未来的打算。他承认他有非常远大的政治抱负,但他当时的设想是,先在政府里和政治上积累经验,然后 2006 年或 2010 年再靠自己的实力出现在人们的面前。我很高兴,我可以把他作为我可能的继任者而认真加以考虑。在这一点上,我可能与政治制度转变之前和之后的我所有的前任有所不同。在这次谈话中,我强调 2006 年后不想再当总理候选人或总理,然而我将用我的知识、我的国际经验和我的关系继续为左派提供帮助。

2003 年春夏之交,在社会党内,信心或者更应该说自信心产生动摇,久尔恰尼起先是犹豫不决,后来看得出他对自己的顾问角色已不满足。他感觉到自己的政治雄心在增强。但这时应该做出一个决断:要么做顾问,要么做独立的政治家。我把问题提了出来:"你选择吧!你不能同时两个都做。"久尔恰尼当上了体育部长,然后是某州的社会党主席,越来越明显的是,尽管他没有亲自反对过我,但他做好了在政治论坛和活动上公开与政府划清界限的准备。2004 年,我看到对政府结构进行实质性改革的时机到了——当时正在做零基础预算计划的准备工作,关于这一点在谈到德劳什科维奇·蒂博尔时已经谈过了。在这个构想中,我将体育部作为一个独立的机构予以撤销。信息部本来也面临同样的命运,但另一方面,在政府的结构中欧盟事务的重要性应该得到很大的加强,并且要有相应的新形式。

这时,我告诉久尔恰尼·费伦茨:回来做我的顾问或者当政府专员,与外国投资者打交道。他说假如我对他的工作不满意,他宁愿辞职。这时,我本应和他聊聊他今后将做什么。我们之间的这次谈话明白无误地发出信号:我又多了一个对手。其他的对手我们都知道了。考虑到所有这一切,我的想法是,久尔恰尼在政变中没有发挥作用,他只是抓住了机遇而已。仔细观察这件事情中人性的一面:起先我的感觉是,也许他有父亲情结,感情上离不开我,但又想超越我。我多次提醒他回忆我们在一起度过的岁月里在继承与创新之间保持和谐的重要性。在他执政的开始阶段,他还不敢采用这个,但今天我已看到,他勇敢地承认了左派—自由党政府在执政前半段的成就。

他可能会是社会党和接下来的社会民主党—自由党政府的好的领导人,但我希望他不会变成"领袖"。一个国家有两个领袖就多了。甚至,我认为一个也多了。社会党应该学会:对一个领导人忠诚和拥护与民主监督、批评和争论并不矛盾。

一般来说,你对左翼的未来有何想法? 这个党应该朝什么方向发展? 也许值得朝人民党的方向发展? 或者应该选择别的道路。

我认为,人民党的方向是不可避免的。别无选择。因为今日的现代世界并不是说要让相互关联的制度和教义对立。今日的世界是复杂的,必须回答的问题也是复杂的,对于这些问题尚无现成的著作、现成的理论和现成的答案,而从人民党非常复杂、多彩、常常折中的答案中可以合乎情理地描绘出一幅真正的幻象、一幅真正的未来的图景。

当然有左翼的基本价值观,这些是不可以放弃的,必须予以维护。也有一些价值观,迄今它们常常与右翼联系在一起,但实际上左翼是不可放弃它们的。民族感情、对信仰的尊重或者特定条件下与教会保持正常的关系都属于这样的价值观。因此必须维护这些基本的价值观,同时要比现在更务实一些。

在今天的匈牙利,自民盟是最不务实或者说最教条的政党。我承认自由党的价值观,但这个党现在的表现常常脱离自己的原则。社会党呢,也许正是出于对历史的回应,它形成了自己的特色,有较少的教条主义色彩。关于青民盟,许多时候我连它的原则也不能真正地弄懂。

最近几年,在每一个政党里都可以注意到一个趋势,即党的领导层与地方党员或在党的领导中较少发挥作用的派别完全脱节。你认为,在社会党内这会引起多大的问题?

这是无法接受的,但遗憾的是,这是一个普遍的趋势。这里面有一个大问题,即一个政党在它的政策中能从对基层的认识与了解中汲取多少营养。或者说它在多大程度上能为自己设计出某种重要的指导方针,然后代表它。

我发现,在整个欧洲都有这么一个特点:在政党和与政党无直接关系的公民之间缺少对话。这在欧洲通常导致政治上的失败,在匈牙利我也感觉到了它的影响。至于应该在政党的框架内还是以其他的方式组织对话,我说不清楚。未必只能在政党的框架内组织。可以是俱乐部、松散的聚会机会,因为许多人与政党并无情感关系,但却对世界抱有非常浓厚的兴趣。应该给这些人提供发表意见和与别人争论的机会。

从这个角度讲,知识分子的地位和作用是否特殊?社会党和匈牙利知识分子的关系现在如何?

我遗憾地发现,各种知识分子团体不加批判地支持某些政治派别。独立的周报几乎没有。其中的一份带着偏见朝一个方向发展,对它来说,属于它的阵营的知识分子说的都是对的,而另一方说的都不对。另一份周报正好相反。

我首先想的不是媒体的知识分子。

好吧,但媒体知识分子也反映了普通知识分子的关系。因为这些所谓的媒体知识分子面向的是那样的一些人,这些人将要说的是他们和他们的读者想听的。这样就不可避免地形成了两极分化。

因此,我今天越来越难以看到真正独立的匈牙利的知识分子。我们这里没有独立的知识分子!政治的两极分化有多严重,知识分子的两极分化就有多严重。左翼知识分子或与左翼距离近的知识分子也不例外。因此,更大的问题是,可否将那些非常有政治责任感、对同类人一点也不持批判态度的人看作真正的知识分子。

从这个角度讲,非常有教益的是,两个阵营的知识分子或者媒体知识分子如何评判你的作用,你一直试图迫使这两个阵营互相接近。你也一直得到来自这两个阵营的批评,因为它们不想互相接近。

的确是这么回事。可以说,我所说的话不合时代要求。但它不是过时了,而是时间还没有到来。大家都知道,我是多么地尊敬费伊托·费伦茨。在一次谈话中,他对我说:"你知道,彼得,你本应成为非常好的总理。"说完这句话,他沉默良久,然后接着说:"在瑞士。"这表达出,今天匈牙利的各种关系距离这个理想的状态还很远,在那里,政治力量之间进行着平静和正常的对话。

没有道理不能改变知识分子的两极分化。知识分子的义务是,用批评的眼光看待一切,当然是以自己的价值观作为基础。在此基础上要对世界发表某种观点。但这种观点在任何时候都脱离不开一个基础,即对这里或对那里负有义务,我很难忍受这一点。

刚才渴望的那种对话其实今天在一定圈子里也进行着。这就是说,左翼知识分子与自己交谈和争论,右翼知识分子也与自己交谈和争论,有时双方观点发生碰撞,但都不愿接受对方的论点。假如能形成某种综合的想法、产生某种共同的思维方式的话,那就再理想不过了。但能这样思考问题的知识分子凤毛麟角。我未必就赞同这些人的观点,我可以举托尔杰希·彼得或者德布勒森尼·约热夫的例子。从这个角度讲,这两个人对我来说都是榜样式的人物。

这两个人有点和你相似,都是局外人。

啊,是的,也许正因为这一点我同情他们,重视他们的意见,即使是——我再强调一遍——在许多问题上我不赞同他们的观点。

社会党需要排除一些人,或者需要完全新的重要人物,或者完全新的支持群体。在这个时刻,社会党最大的问题是什么?

他们一直不能决定要不要革新。更舒适、更简单、更小的反对一直在吸引着他们,他们不想做太大的改变,但又想赢得国会选举。或许他们会为之努力,选择变革之路,那样的话他们就会真的在心态和思想上得到更新。我还没有看到这方面的决定。我只是充满了疑虑,而且这种局面一直会存在下去,只要党是由同时也对国家负责的总理在领导——这与他是不是党主席无关。这项任务需要一个人完全投入进去,这是一个八小时工作的岗位。

在竞选活动期间这实际上是不可想象的。

是的,但在选举之后不能拖延决定的作出。

第十一章

睁开眼睛看世界

你是巡回大使,一个小国的前总理。在世界政治的大舞台上你能做什么?

在民主国家,政治家、头号领导人在一段时间后,或是在现任总理、总统的请求下,或是受国际机构的委托,通常会脱离国内政治,领导国际使团,他们利用自己的国际知识、威望和关系,服务于自己国家,或者解决国际性的问题和任务。这种做法在美国、加拿大、法国、德国等许多其他的地方都广为人知。在匈牙利,这种政治文化现在处于形成阶段,因为在政治舞台上现在刚出现适合做这件事的人。

我认为,有些人大错特错,他们认为只有大国才应该或者可以思考世界政治问题。只有大国才可有其世界政治战略,这包含其设想和指导方针。遗憾的是,匈牙利普通的政治家真的认为,美国有一个世界政治构想,可能其他国家的人也有。

关于欧洲,人们的看法是不一致的。欧洲有没有它的世界构想?从这个意义上讲,统一的欧洲究竟是否存在?假如存在,那么其中的任何人也都有世界构想吗?法国人、德国人、英国人有这样的设想。而匈牙利政治家的思维方式大致局限,在某些有争议或尚未搞清楚的问

题上应该加入某一方。

我深信,特别是在今天这个全球化的形势下,对中小国家和有地区雄心的国家来说,尤其重要的是它们要有自己的世界政治构想,特别重要的是它们要把自己的国家放进这个框架。打个比方:有一条湍急的河流,一个聪明人站在它的岸边,他清楚地知道这条河大概流向何方、流速有多快,水有多清。一旦他坐进一只小船,他能知道这条船的能力有多大,他自己的能力又有多大。

像匈牙利这样的中等中欧国家,必须清楚地知道这些。只有知道水的流向并加以充分利用,才能把船行好。它不能改变河流的方向,不能决定雨后河流如何暴涨,其后果又是什么。但它大概能估算出,这对它自己会有多大的影响,为了自己的目标如何最大限度地利用这条河流,以便抵达某一目的地,而在这过程中船还不能翻。

因此我深信,这些国家要像大国那样,至少要有自己的世界政治构想。在匈牙利,社会主义时期使政治家们的思维严重地具有地方主义色彩。说实话,在古代,具有欧洲和世界视野的匈牙利政治家少之又少。他们都在想些什么呢?喀尔巴阡盆地,奥地利,德国,也许还有英国。仅此而已。

我们是苏联帝国的一个行省。

曾经是。我们曾经是。结果,没有形成一代有能力思考全球问题的政治家,甚至连有这种思维的小圈子也几乎没有。也许,一两个非常优秀的、代表精神精英巅峰的人物属于例外。海莱尔·阿格奈什、费伊托·费伦茨就是这样的人。

当我们是奥地利的行省时,为什么我们出了一个安德拉希(安德拉希·久洛伯爵,1823—1890 年,是匈牙利历史上最杰出的人物之一。1867—1871 年担任总理。——译者注),甚至是两个安德拉希,另一个是蒂萨·伊什特万(1861—1918 年,匈牙利政治家,两度出任总理。1918 年 10 月 31 日遇刺身亡。——译者注)。而当我们是苏联的行省时,却为何没有诞生这样的人物?

也许是因为两种体系相差悬殊，更不用说世界政治格局了。因此不是说以前出生的人素质就高，而最近只有能力弱的人来到了这个世界上。更应该说，和解（1867 年，匈牙利和奥地利达成和解协议，奥匈帝国由此诞生。——译者注）之后的匈牙利和 20 世纪 50 年代的匈牙利之间有非常大的区别。

卡达尔·亚诺什在某种程度上超越了他的同事们，他试图给匈牙利的政治确保相对的独立性。但尽管如此，他对世界也没有自己的幻想，而是在一个受限的条件下试图为匈牙利确立某种可接受的地位，他安然接受了一个事实，即世界就是这样的。苏联帝国就在这里，一个小国没有力量去反对它。

你究竟何时、为何开始研究世界政治问题？这远远超出了你的工作范围。

我提到过，小时候就去过很多地方。我父亲 1947—1950 年在驻布加勒斯特大使馆工作。就是说，我五岁至八岁是在罗马尼亚首都度过的。这对我的确是一种优势。我很早就认识到，假如一个人能近距离或从内部了解两个国家，那么他看世界的方法就会不同。从那时起我就开始理解并尊重不同的文化，这伴随了我的一生，并在我的思想上变成了具有决定性的因素。在布加勒斯特生活期间，我除学会罗马尼亚语，还学会了法语。也许，学英语会更好一些，但在这个英语狂热的世界里，不能否认法语也是世界语言（在付出巨大的痛苦代价之后，我在 57 岁时补上了这个缺陷）。

"至少地道地说一门语言"帮助我从学生时代起总是能进入某一个去国外的团队。这样，上大学时，我作为交换留学生进入萨尔布吕肯大学。毕业后，我出席了一些会议，在这些会议上法语作为世界和会议语言被人们接受。这使得我能够比普通人更好地了解世界的其他地方，在此基础上我能够体验到我们的落后。我不断地感受到，这种落后水平不仅没有降低，反而在不断提高。

其实，人们是看不见天突然变亮这个瞬间的，我本人就不相信有这

个瞬间。天是一点一点开始亮起来的。一段时间过后,人们会发现参照物能看得更清楚了,再后来光就变强了,能看得很清楚了。在我的一生中,不管是在内政还是在对外交政策的认识中都可以发现这一点。

从20世纪70年代初起,作为经济专家和匈牙利财政部的一名中层领导,我开始对世界上都有些什么发生了兴趣。我所思考的是,如何能够让经济有运作能力,我们为什么没有能力做到这一点。那时,我首次在西方呆了比较长的时间。我拿着奖学金在比利时研究金融体系如何运转。从这时起,我开始研究更大的问题,即世界——它已经在运转着——靠什么运转?在世界不运转的地方,又因何不运转?

首先,我吃惊地发现,有限制存在以及这些限制在什么地方。今天,这些东西看起来再平常不过了,但那时对我来说却不是这样的。一个金融体系在一定程度上可以得到发展,但假如人们在政治和社会制度的改革上不能取得进展,那么金融体系也会最终停滞不前,无法取得进展。

我开始对外面的世界感兴趣,当然我首先是对世界经济感兴趣。20世纪80年代后期,我开始对广义上的世界政治感兴趣。这时已经可以看到,德国的重新统一将会发生。这纯粹是因为来自人们、来自德国人民的压力非常强大。但在把"民主化"推广到整个欧洲方面,美国和欧洲施加的政治压力也非常大。可以看到,在运转能力、成就和人们的生活质量方面的竞争中,苏联落后于美国。这时,苏联已经没有力量去对抗事态进程的扩展,已经不能阻止作为其象征的德国重新统一的发生。在这里讲一个故事,是有关匈牙利的限制与专断的例子。在政治局的一次会议上,一位成员提出必须针对看卫星电视做点什么,因为西方的宣传会潜入匈牙利人的家庭生活。他强调:"必须把卫星电视节目挡在边界之外。"人们对物理学基本法则就只理解这么多。对此,半个国家在大笑,另一半则在哭。

匈牙利人和我一起,看到的世界越来越多,世界上的事情其实也是我所感兴趣的。在奥地利,我饶有兴趣地注意到,在一个小城的商店橱窗上方写着"申伯格和儿子"。我告诉妻子:"真希望有朝一日匈牙利也是这样的世界。人们能想得长远,能想到好几代人。"店主就持这种观点,他说他不想在五分钟之内就靠炸油饼致富,他有一个公司,名字就叫"申伯格和儿子"。不仅是因为他自己和每日的生计才应该建立这个公司的好名声,而且他的儿子和孙子也要靠这个生活。甚至有可能,这已经是一个有威信的名字了,应该予以尊重、维护和保持。这就是说,一个正常的、真正的公民的观念产生了。这是公民的生活观。

非外交人员如何能学会外交?兴趣、开放性和某种经验就足够了吗?还是可以有意识地在私下里为此工作?

在我小的时候,我父亲就把这种思维方式灌输给了我,因为他所思考的问题从来就不局限于布达佩斯。他是外交官,尽管从1952年起就不在外贸部工作。他从未变成自满的人,也从不为怀才不遇而苦恼。不过他后来还是能够从事国际问题的研究。在孔祖迈克斯外贸公司,他一直在跟踪了解国际经济形势进程。

也许因为这一点以及后来出于我的兴趣,作为刚参加工作的人,我完成的每一项任务中与世界政治之间的联系都使我兴奋。假如要起草金融材料、分析或报告,我首先做的就是看比较材料,看周边国家、欧洲及世界的发展进程。这是一个基本原则,当然这是可以学会的,但需要有一个基本的兴趣。后来,在国际谈判中,我总是睁大眼睛注视着那些细微的姿势和手势,这是一个人在这些场合能否被人接受的关键。

国际谈判,对越来越多的国家的认识总是令人兴奋的,因为这给一个人如何评价自己的祖国提供了新的视角。在这里,讲一个1987年我陪同卡达尔·亚诺什访问中国的故事吧!出发前夜,我同时任总理格罗斯·卡罗伊告别,他把我送到门口,说:"你要好好留意这一路上的情况,看他的行为举止如何,因为这是他最后一次出访。"那时,他已经清楚地知道卡达尔得了什么病。

从许多角度讲,这次出访都是非常有教益的。首先是因为,卡达尔身边的人为了博取他的欢心,在回答他的问题时只讲他喜欢听的,唯他的命是从,这对我来说是完全异常和奇怪的。这时我才懂得,侍臣会造成多么大的损失,他们如何能使一个领导人的性格扭曲或继续变形。

我的第二个非常重要的体验是,当两位老人卡达尔·亚诺什和邓小平会谈时,他们相对无语。20 世纪 50 年代他们见了第一次面,但此后的 30 多年他们没有再见面。期间,中苏关系破裂,导致中国和大多数东欧国家之间的关系也出现破裂。后来,双方开始接近,互相派遣和接待代表团,最后两党之间又建立了关系。总之,从各个方面讲,他们身后的这几十年充满了暴风骤雨和教益。期间,世界发生了巨大变化。

当他们再次可以坐下来会谈时,他们沉默良久。其中一个人说:"我们是很久以前见的面。"另一个只是点头。"自那时以来发生了太多的事情。"说话者接着说。"是的,世界变样了。"另一个回应道。对我们这些年轻人来说,这些只是无法理解的简单的句子,但对他们而言却包含了已经过去的 30 多年的所有体验和经历。他们只是提及一些事情,但却没有展开谈。这教导我,在会谈前必须了解所有事情的内在联系,必须了解对方的过去,只研究他的未来计划是不够的。

我们在西伯利亚给图—134 飞机加油时,我得出第三个教益。在伊尔库茨克——按照惯例——地方第一书记和副书记接待我们。看得出,他们压根儿就不知道这个匈牙利在什么地方。于是他们开始问问题:匈牙利有多少人口? 面积有多大? 在卡达尔回答了他们的问题后,其中一个人说:"是的,是的,不错,我们这里也有一个面积相近的乡。"他不是出于自负才这么说的。

不久后,你就已经代表国家参加越来越多的国际谈判了。作为副总理,你的工作不仅涉及金融领域,而且涉及政治领域。在世界政治舞台上,你也得寻找自己的定位。20 世纪 80 年代末,对于即将到来的政治大地震,你感受到了什么?

从整个思维方式的角度而言,德国统一是最令人激动的一个阶段。我那时突然意识到,重新统一近在咫尺。我出访瑞士时,匈牙利大使豪伊杜·亚诺什、电视台《一周》栏目的前主编没有来机场接机。大家都知道,他不是以有礼貌而出名,但即使在今天一个大使也不能允许自己这么做。在那个年代,大使也不能在副总理抵达时不在机场等候。第二天,他来了,立即为自己开脱。他说,他在莫斯科参加了一个特别令人激动的会议,欧洲的大国、苏联人和美国人都出席了,他的印象是,这里没有人能够,也没有人想去阻止德国的重新统一。假如德国的重新统一启动,那么整个欧洲的改革进程就会令人难以置信地加速。

他也讲到了自己的观点。他回忆了苏联人的态度,美国人的态度,欧洲的领导人在整个争论中的表现。他说,假如美国人坚持在这条道路上走下去,就不会有人与他们作对。"我明显感觉到,苏联人不想在这一问题上设置障碍。"豪伊杜说。因为他们没有力量,他们内部的问题太多了。这一切是在 1988 年年初发生的。

设想一个情景吧:当一个人突然面对数十年来一直看似不可动摇的事情,它在数十年里一步也没有向前挪动,而现在变化突然发生了,开始了。当时我想:喏,这里将很快出现一个完全不同的欧洲。我们匈牙利人在这件事情上应该找到自己的位置,发挥自己的作用。

随后的一个星期,我去了意大利,在与我的同事、意大利副总理会晤时,我把我得到的信息告诉了他。

那时,为什么是负责财政的副总理去瑞士和意大利?

因为除了外长,在政府里不太能找到既有欧洲思维又会说外语的成员,而且这个成员在这样的问题上要能形成自己的观点或者能代表国家。因为国内政局的变化,总理不能去国外访问。我就成了既懂经济,又熟悉国际外交事务的人。

简言之,我会晤了意大利副总理兼外长乔万尼·德米凯利斯,后来我们建立了深厚的友谊。他思维敏捷,头发几乎披肩,块头大,肥胖。除了参加政府会议之外,他最愿意把时间花在迪斯科里。

他与女侍者调情。

他是相当聪明的人。因为与女侍者调情,这已成了故事。但假如某人除了床帏之事,脑子里也有东西的话,那还会有另外的故事。

我们在威尼斯共进晚餐,我告诉他,根据我掌握的信息,事态将加速发展。我向他提出问题:我们为何不加速它的发展呢? 我们为什么不建立一个合作形式,把属于不同阵营的国家吸收进一个共同体,并使欧洲出现一个从未有过的、特殊的局面? 我主张:应该建立一个阵营之间的阵营,其成员可以是中立国奥地利、北约成员国意大利和华约成员国匈牙利。

德米凯利斯说,他认为我的主意很好,我们就干起来吧,因为我们共同的历史也已把我们联系在了一起。但他马上对我的建议进行了补充。"为什么不能把一个不结盟国家也拉进这个联盟呢?"他问道。我们就把南斯拉夫拉进来吧! 这其实是很好理解的一个想法,因为克罗地亚的达尔马提亚地区是意大利的传统势力范围。因此,这个试图把中南欧以某种方式聚拢在一起的想法是非常符合逻辑的。这样四国集团就启动了,它今天依然在运转,最多它不能超越自身,因为历史在这期间卷走了原来的军事阵营。

我与国际金融组织建立的关系为我"观察世界"带来了新的视角。当财政部部长时以及在这之前和之后当副总理时,在一些国际金融组织中我代表匈牙利。有段时间,我曾是世界银行驻匈牙利的副执行官。作为一种必然,我还参与过经互会(经济互助合作委员会的简称,宗旨是通过联合和协调各成员国的力量,促进这些国家国民经济有计划地发展,不断提高各成员国的劳动生产率和人民福利。组织机构有:经互会会议(最高权力机关)、执行委员会(执行和管理机构)、秘书处(负责处理日常事务)。总部设在莫斯科。1991 年 6 月 28 日,经互会第四十六次会议宣布经互会解散。——编者注)的工作,大家都知道,1988—1990 年我是负责经互会事务的副总理。

一段时间过后,在我的视线里不仅只有欧洲,而且也有比如非洲、不发达国家的问题,大家都知道,世界银行和类似的组织从根本上说并不是为了扶持发达国家而成立的,而是为了帮助落后国家。参与关贸总协定的工作同样开阔了我的眼界(关贸总协定签订于 1947 年,匈牙利 1973 年加入。它是世贸组织的前身）。置身于高级别和有名望的专家之中,我体验到了被人们普遍接受的做法,从而更加看清了经互会的弱点。20 世纪 90 年代,我继续睁眼看世界,因为我对于速度越来越快的变革非常感兴趣,它改变的不仅仅是欧洲。随着美国变为称霸全球的超级大国,我开始感兴趣:是什么东西在操纵着它,美国研究世界政治问题的人是如何思考问题的。我与亨利·基辛格、兹比格涅夫·布热津斯基多次会晤并进行交谈。这些会晤对于我理解世界意味着极大的充电。

我的这个兴趣在 20 世纪 90 年代开始向亚洲方向转移。亚洲经济发展异军突起。日本这时已经度过了深重的危机,但它在 20 世纪 80 年代取得的了不起的成就仍让我非常感兴趣。近些年来,世界已经忘记了日本,因为亚洲出现了“四小龙”和“四小虎”,它们的发展速度如此惊人,不关注它们是不可能的。

在当总理前,我心中形成了对世界的看法。我理解——或至少开始理解——并体验到了是什么在操纵着世界。比如,石油和围绕石油的战争、水和自然的重要性有多大,从世界战略角度看一些国家的作用为何那样重要。在特定的条件下,比如巴尔干将会隐藏多大的风险,假如那里缺少安宁与和平的话。

在当总理时,我对这些问题的思考慢慢成熟,今天我也坚信,在匈牙利只有当一个人有能力思考世界和欧洲的问题,眼光能看到欧洲以外的地方,他才可能成为一个好总理。只有在具备了这些知识和对世界的看法之后,一个人才能清楚地察觉到世界之河流向何方,我们小小的匈牙利之舟应该建成什么样子,才能渡过这条河最艰险的河段,且不受碰撞、破裂和颠簸之苦。

你当总理期间,在国内越来越不受欢迎,而在国外你的威望和影响却与日俱增。这两件事情背后有什么原因?

在国内,我的支持率一开始就很高。匈牙利还没有一位总理在民意调查中排在榜首,民众支持率高达 64%。这样的总理在我之前没

有,在我之后在一段时间内也不会有。人们可以说,是因为百日纲领才有的这个结果。人们也可以说,是因为我花钱多才有的这个结果。总之,说什么的都可能有。我现在只能说事实,我从很高的支持率开始,往后只可能走下坡路。就问题的另一面而言,当我接过总理的接力棒时,国家的国际影响力是从很低的基础上开始的。要知道,欧尔班·维克托把匈牙利政治在世界上的威望带进了低谷。

低谷!?

我想,是低谷。在欧尔班·维克托当总理期间,自政治制度变化以来,匈牙利与周边国家的关系从没那样糟糕过。可以说,他在许多事情上是对的,在这方面是可以好好进行探讨,但事实是,匈牙利与斯洛伐克、罗马尼亚的关系特别糟,与许多周边国家如乌克兰或塞尔维亚实际上没有建立任何关系。我是从糟糕的基础上起步的,因此假如我玩世不恭的话,我会说,对我来说这正是好的基础。

与美国的关系也从未像那个时期那么糟过。美国将匈牙利评价为不守信用的国家,还多次将匈牙利评价为不可靠的国家。美国在某种意义上几乎意味着北约,因此我们与北约的关系也跌入低谷,因为我们显然没有实现我们的承诺。

这些我们后来也没有实现。

有一个时期,我们实现了——那是我当总理的时候。2004 年下半年我们开始不履行承诺,不可否认,我们又回到了原地。

回到我当总理时的外交政策的起点上:欧尔班·维克托区别对待人民党、社会党和社会民主党政府的现象非常严重,并将国内的分裂政策传播到了世界上。从这里又得往前跨出一步! 在我的政治生涯里——我当过欧洲委员会的成员,当过欧盟峰会的受邀者以及后来的成员——我总是能与右翼的政治家相互理解,有时甚至超过了左翼政治家。我与雅克·希拉克、沃尔夫冈·许塞尔、若泽·曼努埃尔·巴罗佐的私交不错,因为我倾听并接受了他们所有我认为他们想就共同欧洲的未来进行负责任的和共同谈判的想法。

尽管你只是欧盟峰会的受邀者，但你已经进入到了那个最核心的小圈子，进入到了"红区"，人们如此称呼只有国家元首和政府首脑才能踏进的大楼的那一部分。在这个小圈子里还有一个"相互理解"小组，这个小组不是所有的大人物都能进去的，而你很早就进去了。

由我来评论这件事不合适。在国际上，处理事情的方式不同于国内。凡是在政府代表国家的地方，每个人都知道，这些领导人是民主选举产生的，因此必须与他们一起工作，即使他们在国内政治中站在另一边。所以在这种关系中，谈话的内容和个人能力比政治归属更重要。欧尔班·维克托不理解这一点。

因此我说，把我们的关系提升到这个水平是容易的。也许这其中有我个人的功劳。

你以前提到，铁幕的拆除、把东德人放出去促成了柏林墙的倒塌，欧洲真正的重新统一也得以启动。在加入欧盟的瞬间自然会出现一种愉快的气氛，但此后每个人都要面对加入后日常生活中的困难。今天，天平往哪边倾斜？

欧盟既是一个组织也是一种思维方式。加入这一组织相对容易一些，尽管有的国家为了加入它奋斗了七八年。我还是要说，掌握欧盟的思维方式要困难得多，不是一夜之间就能学会。当然，在诸多原因中，其中一个原因是，思维方式的改变需要条件，欧盟的机构只为这些条件提供一个框架，真正转变在这之后发生。

这个组织的成员国地位首先意味着，从加入的瞬间起我们也代表这个共同体，它渴望和平与繁荣，尊重民主，作为共同体承载被提及了许多次的欧洲价值观。几个世纪以来，这些价值观的一部分已经存在于包括匈牙利人在内的新成员国国民的思想意识之中，但肯定还有一部分需要现在掌握。但这需要一个过程。

欧盟出现十个新成员国，这对于旧成员国、东欧或南欧国家的意义是完全不一样的。

我记得，整个欧盟的扩大在启动阶段只有三个，最多四个国家可能

第十一章 睁开眼睛看世界

加入：匈牙利、捷克、斯洛文尼亚，可能还有波兰。当时，波兰能否加入也是一个问题。扩大涉及的范围小，对欧盟来说消化起来就相对容易一些。主要是假如我们考虑到，这些国家中有那么一个国家，它从面积上看具有重要意义，但在缩小与欧盟的差距方面却落后于其他国家——这就是波兰。波兰能否加入欧盟在很长时间里成为一个问题，这不是偶然的。

围绕波兰的入盟问题，争论持续了很久。在德国表明态度之后，事情的发展才真正加速。当时，德国社会民主党的领导人正视德国的过去，说他们在欧洲有需要处理的事情，其中欠波兰人一份没有偿付的账单，在道义上应该予以处理。这样波兰才被纳入扩大计划，后来波罗的海国家、斯洛伐克、马耳他和塞浦路斯也相继进入这一计划。最后形成了一个庞大的扩大计划，这导致在欧盟内部出现了一些经济状况完全不同的国家。事实也表明，这次大范围的扩大对欧洲的居民来说是一个突然的事情。

至于包括匈牙利在内的这些国家为加入欧盟进行了多么艰苦的谈判，那则是另外一个问题了。政治制度发生变化后的第一届政府在安托尔·约瑟夫的领导下，就开始谈论加入欧盟的可能性，最终在第四届政府也就是我执政时才加入，这很好地说明了入盟过程的艰难。不言自明，当我作为总理就入盟问题可以发表言论时，我发现非常多的问题已是既成事实。这就是说，大部分谈判已经结束，我们在哪些方面要求得到特别的待遇，在哪些方面能承受欧盟的要求，老成员国在诸如匈牙利人的就业领域和其他问题上将提出什么样的特别待遇，这些问题大致已经明朗化了。

你认为，当时在就这些问题进行谈判时采取的方式符合匈牙利的利益吗？

不，当然不，但我清楚地知道，每个人都是事后才变聪明的。也许，今天欧尔班·维克托也会试图提出别的条件。

但他充分利用了所有的可能性了吗？

利用了一部分，另一部分没有利用。我认为，在非常多的方面没有必要像欧尔班政府那样作出那么多的让步。在环境保护、农业问题、食品安全等领域，本应该为匈牙利谋求更多的特殊待遇。

这种忽视历史发展的思维今天已经让我们头痛了，因为在我接过权力的时候，绝大多数问题已经谈完了。对我来说，基本上只留下财政方面的条件有待讨论，这些条件将确定入盟的框架。这个问题最终在哥本哈根得到解决，但有关的协调和谈判已持续了数年。

安托尔·约瑟夫在波兰、捷克、斯洛伐克和匈牙利之间开创了维谢格拉德集团的合作。我们有机会首先相互协调立场。我曾经幻想这可能会产生某种结果，因为这些是利益相似的国家。然而在现实中，当这四个国家处理这个问题的时候，就出现了彻底的失败。每个维谢格拉德国家仅仅只愿意考虑和代表短视的、瞬间的、自己民族的利益。这导致我们每个国家都显得比较弱小，而我们团结起来本可以显得更强大。

实际情况是，欧盟的领导人——比如负责财政框架谈判的丹麦总理安诺斯·福格·拉斯穆森——采取了一切办法，阻止等待入盟的国家以某种方式团结起来。他们与这些国家单独谈判，实际上连合作的意愿也要粉碎。

是这样的。丹麦人和欧盟委员会非常巧妙地利用了维谢格拉德国家之间的分裂。整个哥本哈根协议的关键究竟是什么？是我们能获得更多的财政补贴呢，还是通过竞标我们能获得更多资金？更多的财政补贴意味着，不管刮风下雨，我们都能拿到这些钱。那些对入盟准备不足的国家，比如波兰，更容易朝这个方向走，因为对他们而言这是有保障的一笔钱。这有助于填补预算亏空。

与此同时，那些对入盟准备较为充分的国家，如捷克和匈牙利，就更想利用竞标获取资金，因为它们想，它们首先需要发展，于是它们想为其发展设想筹集所需的资金。

其中的一个大问题是，通过竞标可获得的、带有条件的但对十分重要的发展项目却有帮助作用的资金支持和财政补贴之间应该各占多大

第十一章　睁开眼睛看世界

的比例。另一个关键问题是农业问题。这两个问题成为哥本哈根谈判的主题。

正如你已经提到的，这次谈判的基调和气氛的确十分有意思。在迄今的人生中，我很少感到受屈辱，但在那里却有过那样的瞬间，让我的确感到弱小和无助不是好事情。

有没有过那样的瞬间，让你感到中断谈判更值得一些？

有。他们与我们单独谈判，丹麦总理简单而又明确地说，或者我们按照欧盟委员会开的条件加入，或者我们相互忘记对方，没什么可谈的。再加上，如果我没记错的话，波兰已获邀入盟，因为他们是大国。

他们是大国，因此欧盟想与他们缔结不一样的协议。欧盟采用了历史上熟悉的策略：各个击破。当轮到我们时，安诺斯·福格·拉斯穆森却向我发出这个最后通牒。我对他说："总理先生，据我所知，我是来谈判的。但现在您宣布已经没什么可谈的了，因为这些条件早就准备好了。假如是这样的话，也没有任何关系，我现在就收拾东西走人，我会召开一个新闻发布会，然后回国。"他看到，我这样说是十分认真的。

这一刻，空气自然凝固了，丹麦总理急忙说："我们别中止对话，我们谈谈可以做些什么。一个小时后我们再回来，我要思考一下，主席国和委员会也要彻底思考一下各种可能性。"依靠这个强硬的姿态，我在几个方面争取到了更多的东西。这样，我们在边防及其所需的海关体系的发展、信息化建设和其他方面得到了近 1.5 亿欧元的补贴。

显然，事后可以说：要是能得到更多，比如在农业领域挖掘出更多的潜力的话该多好啊！其实当时我们也认为，在农业领域区别对待 15 个老成员国和 10 个候选国是不公正的。但他们的理由是，以前的农业补贴制度反正也要遭淘汰，另外新成员国以后会接近老成员国的补贴水平。后来，签署协议的时刻到了，这时已经真的不能继续加剧紧张气氛了，真的必须签署协议了。

显然，维谢格拉德四国纷纷败下阵来。首先是波兰人，欧盟最想与他们达成协议,因为是大国,此外德国人也十分偏爱波兰人。接下来倒下的是捷克人,之后是斯洛伐克人。这时,与我们斯洛伐克人结盟已经没有任何意义了。

后来连分析家们也说,迈杰希和匈牙利挺住了。

是这样的。这是对我的强硬态度的一种肯定。我依然认为,当时能得到的,我已经争取了,尽力了。当时的情况非常紧张。必须达成协议,但达成协议后我得返回国内,我可以挺起胸膛说,为了取得最好的结果我尽了一切努力。

这是匈牙利必须面对现实的那个瞬间吗?因为在这之前的十多年毕竟算是一种成功。匈牙利启动了引起欧洲统一的进程。

一段时间过后,是谁启动了进程就不再有重要意义了。今天在德国人中间,已经很少有人能想起来:铁幕首先是在匈牙利被剪断的,是我们让东德人进入奥地利,然后又穿过奥地利返回自己的祖国,我们对德国的重新统一作出了贡献。因此,这是非常美好的事情,我们也可以为之感到自豪,因为它是匈牙利历史的一部分,整个这一切以某种方式也成为匈牙利人的灵魂的一部分。但事实是,从长远讲不能靠这个生活。

公众想不起来这件事情,但作出决策的政治精英总应该能想起来吧?

没必要。这是如此奇怪的世界:没有必要想起它。顺便说一句,来自保守党的赫尔穆特·科尔对这件事的记忆,比与我的政治口味更接近的格哈德·施罗德要深刻一些。也许,安格拉·默克尔的记忆会更深刻一点,因为她来自东德地区,这一地区经过重新统一赢得了许多东西。

在哥本哈根,当必须就协议作出决定时,我必须面对现实。我的出发点是,在财政方面要争取最多的实惠,但无论如何要加入欧盟,然后享受成为欧盟成员国带来的优势。

我们谈谈哥本哈根谈判之后的事情:现在作为欧盟成员国,你如何

看待匈牙利农业的现况和前景？

从农业角度看,匈牙利在 1998—2002 年非常糟糕,在 1994—1998 年也非常糟糕。仅仅是出于政治上的原因——因为要打破以前的大规模生产结构——匈牙利农业开始进入完全无序的状态。这之所以是非常大的问题,是因为存在一个农场最适度规模的问题,这个问题解决后农场的运作在世界上才能有竞争力。我们看一看就知道,在整个世界上都在进行着大量的土地集中化经营:美国、德国、欧盟的一些成员国以及其他所有地方都是如此。有一阵子,匈牙利发生的事情恰好相反。这导致匈牙利的农场主债台高筑,陷入非常艰难的状况,因为他们不是真正有竞争力。在这种情况下,我们要加入欧盟。

因此,我执政后做的第一件事就是,把 1998—2002 年期间因糟糕的收入和价格政策而导致匈牙利农业借贷的沉重的短期贷款重组,其中一部分予以免除。涉及金额达到一千亿福林,采取这一措施无论如何都是必要的,目的是让匈牙利农业在入盟后一起步就能有竞争力。

我们启动了一项发展计划,增加农业投资。这其中包括一个葡萄种植计划,因为我们知道,入盟后葡萄种植面积就不能扩大了,因此上报一个适当的葡萄产量是我们的利益所在,它将能让今后几十年匈牙利葡萄种植业和葡萄酒业坚守住自己的地位。但我们也给匈牙利农业提供了非常重要的投资补贴,使其能够解决技术落后和农机缺乏问题。

今天,这些事情当然已被人们遗忘了,但农业史学家们将会认识到,在经历了 1998—2002 年非常严峻的时期之后,政府更迭之后的匈牙利农业开始向欧盟的要求靠拢。当然,不是所有的一切都可以在如此短的时间内得到弥补,因为从 2004 年 5 月份起,已经作为欧盟全权成员国的我们,不得不与其他成员国的农产品和食品展开竞争。

这些投资、发展和农机补贴只有用在适当的地方,才能真正达到我们的目的。近些年来,人们对匈牙利农业有各种评价,但没有人说它的运作机制恰当。入盟之前,人人都知道应该向什么方向走,但却没有采取相应的措施。入盟之后,农业生产者感受到,他们陷入了令人难以置信的孤立无援的状态。

我说过，什么东西一旦被破坏，就很难复原。前政府在短时间内搞垮了匈牙利农业，但在这之后要重新建立一个制度就十分困难了。为此必须设计许多东西，包括从基础建设到专业人员培训，再到贷款方案、土地流转和土地所有权政策等。

回顾这几年，我发现，在我执政期间有两个领域开始了新制度的建设。一是我们至少尽力不去阻止土地的集中化，不用异样的眼光去看待那些开始扩张、变强、租种或购买土地的大农场。我们使土地的租种变得更容易了，其原因正是使耕种大片土地成为可能，因为用更大的投资可以在欧盟市场上具有更大的竞争力。

另一个取得进展的领域是成立"生产者销售组织"，尽管我认为这一进展还不能满足需求。这些为了销售或采购而在独立的经济单位之间成立的组织，缓解了匈牙利中小型农场孤立无助的局面。这方面有了一点起色，但却遭到很多人的攻击，因为他们说，这和以前的农业合作化没有什么区别。

我们澄清一下：这些言论带有不怀好意的政治意图，因为很明显这种制度与以前的生产合作社没有任何关系。它们与瑞士农场自愿联合的合作形式更接近一些。可以预见，未来若干年土地的集中化将继续下去，承包者将租种规模越来越大的土地，生产者们也应该联合起来一起采购或销售，因为即使如此，匈牙利的农业依然十分脆弱。

党派出于政治原因，借口历史补偿，谁知道还有什么借口，经济成分被迫按照完全违反经济的逻辑去运转。一般来说，匈牙利经济——农业是其中的一部分——能忍受到何时？

我认为，这方面已经有了变化。现在的农业组织已经为实现农业利益采取统一行动。我不能说，这背后没有政治意图，许多情况下在各种组织的背后都可以找到反对党的影子，但从根本上说，现在的目的已经是如何确保实现大、中、小型农场的利益。

除了匈牙利，这一趋势还出现在比利时和法国。在法国卡车司机

封锁道路的背后就有政治意图,但从本质上讲,这些行动依然是为了实现农场和农业劳动者的利益。

让我们返回哥本哈根吧! 在这个地方,证实了维谢格拉德四国不能相互团结,但这一合作形式却没有终止。前面提到的四国集团的成立也是相似的倡议。历史与之擦肩而过,因为华约解散了,北约保留了下来,历史形势完全不一样了。但两个倡议均显示,匈牙利政治领导人一直有成立较小阵营、较小集团的追求。问题是,这样做是因为我们的规模就是如此,我们准确地知道在欧洲或世界上我们单独实现利益的能力比团结起来要小得多,还是因为历史根源即共同的历史起了决定作用?

历史的根源也很重要,但从长远讲,起决定作用的是 25 个欧盟国家的合作十分困难。因此必须成立区域合作组织。我暂时接受比如四国集团现在尚无重要意义这一现实,但从长远来看它将发挥重要作用!像包括克罗地亚、意大利北部、奥地利和匈牙利在内的亚得里亚海附近地区这样的拥有共同历史的区域,迟早会合作的,这绝对符合逻辑。另外,这些国家的发达程度与维谢格拉德国家相比更接近一些。

这种合作很快就会有生命力!维谢格拉德集团是一个非常好的构想,但今天还没有运作起来,因为各国政府没有认识到,我们团结起来会比单独一个国家强大得多。我敢肯定,从长远讲这些区域合作在欧洲会有非常大的意义,只是如同整个欧洲的前景一样,这要靠若干代人的努力。

最近发生的事情表明,这种合作尚需等待,正如匈牙利国内政治形势所显示的那样,展示团结的姿态是徒然的,在连续不断的选战的喧嚣之中,合作的思想不能赢得人们的认同。在雅典签署入盟条约时展示出的凝聚力仅仅是节日的姿态,还是有更深一层的意思?

永远不要忘记,这个民族有加入欧盟的共同意愿。不考虑政党的归属和政府,我们的想法是,建立在一个利益基础之上的各党联盟,与其他任何形式相比,将能更好地为我们的民族利益服务。在政治制度变化之后的各届政府之间,假如有连续性的话,那么最应该在这个问题上体会到。

对我们来说,最重要的欧洲价值观是什么?

欧洲的价值观也许首先包括欧洲的丰富多彩、多元文化以及对这些的尊重和接受。其次包括对自由的渴望,当然也包括对民主价值的代表和团结互助。团结互助在欧洲社会表现得更强烈一些,或者说与非欧洲社会相比,至少它的表现形式有所不同。亚洲也有团结互助,只是性质不同而已。大家都知道,在中国,养老保险体系的不完善之所以可以被人接受,是因为在中国的农村,人们把抚养老人作为自己的义务。所以,团结互助的表达形式不同,它未必一定要在国家的层面上表达出来。在美国,竞争与团结互助的比例与欧洲的习惯相比有根本性的差别。

这些经济体充满活力与这一不同的福利观念有联系吗?

是的。也许这些经济体充满活力与其受到较少的束缚有关。束缚(传统)一方面是很好的东西,另一方面则阻碍快速发展。假如不能轻易地把一名员工从工作岗位辞退,那么这对人们就意味着安全感。然而它的代价是,人们一旦失去工作,要找到发展的机会就更困难了,这样社会总产值就会变小。

很难对团结互助与竞争的所有重要成分进行协调,有一点是肯定的,这就是应该找到比今天更好的比例。在欧洲,尤其是欧盟的 15 个老成员国,今天的社会福利过分慷慨,这不可避免地导致人们变懒惰,并最终导致竞争力的下降。而在亚洲或者美国,情况恰恰相反。与此同时,我承认,不能因为改朝换代就把这些经历了漫长岁月煎熬的欧洲价值观扔掉。应该改造它们,使其适应今天的形势,但不允许扔掉,因为一旦扔掉的话,我们就失去了某种给予我们道德支撑的东西。我还是要强调,需要在继承与创新之间保持和谐!回到雅典:从安托尔·约瑟夫政府开始一直到迈杰希政府,加入欧盟都是共同的意愿。当我们启程参加入盟条约签字仪式时,我在想:我们应该向国人和世人展示,

我们有能力站在民族的高度思考最重要的问题,我们应该展示民族凝聚力,我们所有的人都去吧!最善良的人也在怀疑这一姿态的重要性,因为他们认为斗争更重要。我想,竞争有的是时间,合作也有的是时间,但应该将其展示给世人看。应该知道,匈牙利是欧洲国家——在思维方式上也是!

最终我赢了,对于这一邀请不可以说不,欧尔班·维克托去了,博罗什·彼得去了,遗憾的是安托尔·约瑟夫已不可能站在我们中间了,当然霍恩·久洛和我也去了。但两位共和国总统根茨·阿尔帕德和马德尔·费伦茨也去了。这种感觉真好!国内不同渊源和动机的政治派别的领导人在一起欢庆的场面以前未曾有过,也许在今后相当长的时间里也不大会有了。

但欧尔班·维克托不是坐同一架飞机去的……

对欧尔班·维克托来说,非常重要的是赢得下届国会选举的胜利。因此早在 2003 年春天,他就发出信号说不认同我所做的一切。尽管他以这种形式表现他的特立独行,但他还是去了,他的出现是一种象征,而且在签署条约的那个短暂的时间里,这个团体呆在了一起。

第十二章

雅 典 签 字

"欧洲的重新统一不是在雅典结束,这只是开始的开始!"

你在雅典讲话时说过这么一句话:感谢先辈。但你在这里不仅指政治上的前辈,而且也指所有匈牙利人的父母。你也想到了你的父母吗?

噢,当然。在这样的时刻,人是会想起自己的父母的。我清楚地看到,随着加入欧盟,我的父母想象中的那个更美好的国家开始形成,在那里他们的子孙们将可以安静地成长,他们从埃尔代伊带来的价值观将可以实现。遗憾的是,他们已无法看见这一天了,但我相信,这个瞬间对他们来说也会是一种补偿。也许,他们会在天国的某个地方可爱地、温柔地微笑。

这篇讲话中另一个突出的思想是,你谈到了境外匈牙利族人的重要性。你说,这是新的局面,匈牙利已经是欧盟成员国了,而他们所生活的国家还不是。这一表态使匈牙利国内政治与境外匈牙利族人的关系与以前相比变得更加不同了。

是的。我对缺乏长远考虑的政策一直有异议。可能会有一些日常的利益使两国政治领导人对立,这个我接受。我要说的是,不能容许把

金矿的污染物排放到匈牙利,必须要求罗马尼亚遵守欧盟的环保规定。

但我说过,在一些情况下人应该往前看。在某些情况下,应该研究能为生活在境外的我们的兄弟姐妹做些什么,使他们也能享受欧盟带来的利益。由于历史的缘故,他们现在生活在别的国家。他们需要的不是教训! 他们了解匈牙利的近代史,当右翼政治家们粗鲁地、许多时候是以令人无法理解的方式教训周边国家应该如何当欧洲国家时,他们清楚地看到了右翼和左翼的区别。而负责任的政治思维是多么的不同,它宣布罗马尼亚人必须遵守环保规定,但这不是匈牙利政府帮助罗马尼亚入盟的条件。

我们有义务提供帮助,因为从长远讲,罗马尼亚获得欧盟成员国地位是匈牙利和生活在那里的匈牙利族人的利益之所在。强迫推行双重国籍,但不帮助邻国加入欧盟是过时的和错误的。使人们对立起来,但不透露谈判中可以规避的困难在什么地方,应该采取什么样的解决办法。我认为,负责任的政策是帮助经济振兴,使邻国相信这么做的原因并不是"想收复"埃尔代伊。重要的是,让匈牙利族人和罗马尼亚族人在埃尔代伊好好地生活,让这个地区富强起来!

因此,当我在雅典的讲话中提及对境外匈牙利族人的义务时,我自然想到了埃尔代伊和生活在那里的匈牙利族人,想到了生活在克罗地亚或塞尔维亚的匈牙利族人,也想到了那些距离这个前景还有点儿遥远的人们。

在这个问题上,姿态发挥着巨大的作用。你认为在雅典专门就境外匈牙利族人讲话是重要的,这显然也赢得了人们的尊重。与此同时,从姿态的层面讲,在境外匈牙利族人问题的处理上,左翼和右翼相比总是处于微弱的劣势。

是的,但这是一个十分大的错误。我所热爱和承认的左翼在多数情况下没有认识到谈论政治的象征意义,没有认识到姿态发挥的作用,没有认识到不允许把诸如民族、信仰、境外匈牙利族人的命运、民族文化和传统问题据为己有。我执政两年零四个月,要改变这种现状,时间短了点。非常有意思的是,其实左翼一直有这个愿望,但却从来没有取得成果。我没有见到一个不认同这一点的社会党的政治家。也许,需要新的一代人上来,他们能以不同的方式理解历史和世界,比迄今的左翼政治家更容易接受抽象的事物。我做过一个尝试,有些人喜欢,另一些人不喜欢。或者说他们不理解。

2004年5月1日举行的欧盟扩大仪式同样具有象征意义,当时所有成员国的国家元首和政府首脑站在一起,象征未来的儿童们升起了25个国家的国旗。

前一天晚上,我在所谓的庆祝活动上就欧洲、我们的国家和我们共同的未来做了一个演讲。第二天我就上了流水线。先是去了在城市公园举行的一个左翼传统集会,然后直奔奥地利边界。在那里,我和沃尔夫冈·许塞尔总理重新剪断了象征铁幕的铁丝网上的铁锁。这有着象征意义,我们想借这一姿态表示,随着把德国人从这里放出去,这个地区开始向欧洲靠拢。随后,我们从肖普朗布斯道直奔施瓦夏特,等候在那里的奥地利总理专机把奥地利和匈牙利代表团送往都柏林。直到今天,我们也没有政府专机,专机能灵活适应总理的活动安排,而如果搭乘民航班机的话,欧盟轮值主席国爱尔兰举办的欧盟扩大仪式结束时我也到不了目的地。

25国的代表能一起为欧洲的重新统一而高兴,这的确具有象征意义。重要的是,我们能一起思考某一问题,愿一起为欧盟25国描绘远景。

回头看,这是欧盟的最后一次庆祝活动。随之而来的只有失败……

只是根据我们目前的认识,这是最后一次。我今天也在想,欧盟是有生命力的组织,其成员国将有能力进行长期合作。这次欧盟扩大之后所发生的事情表明,欧盟在这个非常大的变革中没有预料到的事情非常多。我们每个人都有信心建设一个强大、统一的欧洲,但至于如何去实现它,就没有统一的构想了。时间很快就证实,欧盟的扩大是在缺

第十二章 雅典签字

少清晰的未来前景的情况下发生的。这次扩大不是简单的量的问题，而是质的变化，老成员国对此没有做好准备。结果，欧盟不能消化这个突然而来的、巨大的变化。

欧盟扩大引起的反应是，在多个国家人们不接受欧盟宪法。

这种反应还表现在，好的意愿又面临重重困难。好的意愿就是欧盟宪法本身。欧盟领导人看得很清楚，需要有新的欧盟宪法。这不仅是因为存在非常多的不协调的基本条约，而且因为我刚才提到的原因：与15国的欧盟相比，这个欧盟已经发生了质的变化。

另一方面，一个实体的确可以有宪法，但欧盟则是一个正在形成的实体，不是真正完整的那种。我认为，欧盟宪法最大的价值正在于，它协调了运作框架并使其更趋完善，但它没有包含未来的前景，即50年后欧盟会是什么样子，在世界上的作用是什么。因为大的问题并非是欧盟单独不能取得成功，而是谁单独也不能取得成功。欧盟不能封闭自己。欧盟尤其是新成员国最大的问题是，在思维上有点儿"地方主义"。

在这样的意义上，欧盟宪法是向前迈了一大步，尽管我认为，以这样的内容将没有人使它生效。必须为它增添其他的内容，勾画出刚才提到的长远的发展前景，我认为现在缺少的就是这个前景。

欧盟宪法诞生的过程也非常有意思和有教益。它是实现民族利益的令人激动的学习过程。由于按照英文字母顺序排位，葡萄牙人和匈牙利人在午餐、晚餐等任何地方都是坐在一起。匈牙利的国名用匈牙利语书写，葡萄牙的国名用葡萄牙语书写。这样，我一直坐在时任葡萄牙总理的若泽·曼努埃尔·巴罗佐的旁边。我问他：像葡萄牙这样的和我们的国土面积相近的国家，如何有能力以适当的方式实现其民族利益？如何能充分利用加入欧盟这一机遇？这些谈话在匈牙利加入欧盟时就已经开始了，后来在宪法的制定过程中继续进行。巴罗佐给出了一个好的建议：一个这样的小国不要在任何领域都开辟战场，因为一段时间过后就没人把它当真了。

"要选择几个你认为非常重要的领域,"他建议说,"在这些领域不允许后退一步。你要持之以恒,走遍欧洲,说服你的同事们。"我接受了这个建议,选择了三件事,我想:在欧盟宪法中因为匈牙利的利益的缘故这些必须无条件地实现。

一个是少数民族问题,它进入了条约的前言部分。这之所以有意思,是因为一个如此小的国家的利益能以这样的方式实现,这在以前还没有过先例。因为在开始的时候,没有任何人支持它。没有任何一个国家说,匈牙利人说得对,少数民族的权利应该清楚地、明确地写进宪法。为什么没有?在寻找答案时我得出结论,几乎每个欧洲国家在自己的少数民族问题上都问心有愧。他们害怕,一旦打开潘多拉的盒子,就再也关不上了。甚至正是那些一贯宣扬自己有民主传统的国家在这么想,如西班牙、法国,某种意义上的德国和意大利。在所有的地方都存在少数民族问题,这些国家以某种方式解决了这一问题,但非常害怕一旦这一问题进入宪法,国内战场就会重新出现。但我没有退缩。我的确抱着前所未有的恒心,在每次会议上和每次会面时,我都说这为何重要,我会晤了欧盟国家的所有领导人。

有一个可爱的故事,法国人不是非常喜欢这个话题,在一次欧洲委员会会议上,我就这个话题有说服力地阐述了自己的观点。雅克·希拉克在听完我的讲话后大声鼓起掌来。我永远不会忘记,他所有的同事都惊慌地跑到他的身边,他们不知道接下来会发生什么事,于是试图以某种方式使他克制自己的兴奋(当然,使希拉克兴奋的另一个原因是,我是用法语讲话的,而这在欧盟相对来说是不多见的)。

但关键是,最终成功地使所有国家接受了这个问题。我不是想说,这是迈杰希·彼得一人所为,但我认为我的功劳在于,我在这件事情上非常有恒心。应该说,这是一个非常罕见的瞬间,当时我们大体上能与反对党进行合作,因为就意愿而言我们之间没有争议。

第二件事,我一直坚持让其他国家接受"一个国家一名委员"的原则,这一原则具有象征意义。我自己也不相信,从长远讲这是好的解决

办法。从专业角度看绝对不是,但从政治上肯定是需要的。一个现在加入欧盟的国家不能允许自己接受在欧盟的决策机构中没有一位它的代表。我清楚地知道,一个欧盟委员应该代表欧盟的价值观。但先生们和女士们并未患精神分裂症,他们没有忘记自己是从哪里来的。

最后,我提出折中建议:在第一阶段我们接受每个国家派遣一名委员,此举意在向自己的民族、自己的国家发出信号——我们在这里,我们能对欧盟事务发表意见。

关于第三个问题,我今天也坚信,25 个成员国的合作关系不可能是同样的牢固。应该知道,在某些领域一些国家发展得快一些,而其他国家发展得慢一些。应该使发展快的国家继续保持领先成为可能,但也要给以后想或者能加入快速发展国家行列的国家以机会,在某些情况下它们可以说,这个我们不能承受。因此,在欧盟的合作中要有灵活性。这是第三个方面,在我的倡议下它最终进入欧盟宪法。因而我想,从匈牙利的角度看,我们成功地制定了一个可以接受的宪法。

因此许多人都在问:能否允许在欧盟内部出现经济发展水平不同的国家集团?

这本身还不是由经济发展水平不同的国家集团组成的欧盟,它只是提供了一个合作框架,为由经济发展水平不同的国家集团组成的欧盟的形成确保了一个机会。我知道,这一想法引起许多人的争论,因为民族自尊心让我们说:我不这么想。难道因为我跑不快,就让每个人都慢跑吗?这不大能行得通,是吧!因为这会损害总产值,限制欧盟的未来。再说,并非每个国家现在都是申根国或欧元国。

我认为,一个由经济发展水平不同的集团组成的欧盟的形成是不可避免的。假如欧盟要有竞争力,那么这就不大可能避免。一方面,我认为需要有一个联合的欧洲,但我同时认为,要走到这一步,就需要欧盟内部出现经济发展水平不同的国家集团。

第十三章

欧盟的未来

国际交往中的几个瞬间

我们说这个过程需要至少50年,这在一个人的一生中几乎是遥不可及的。普通人未必能做到从历史发展的角度去思考问题。

的确如此。但我认为这不是罪孽。这不是人们分内的事。

是政治家分内的事吗?

假如一个政治家不能从历史发展的角度去思考问题,那就是非常大的问题了。政治家与政客的区别在于,前者能从历史发展的角度去思考问题并用世界眼光去看问题,而后者考虑的则是选举周期,看问题目光短浅。

在这个时刻,欧盟的政治家们不能做长远思考吗?

我很难过,因为他们中间许多人是我的朋友,但我必须说,今天的欧洲没有培养出能够规划欧洲远景的政治家。很难讲出为什么。这不仅仅是个人的素质问题。也许是因为生活的节奏非常快,也许是因为他们相互交流不够,也许是因为欧盟作为一个整体难以应对各种变化。

返回到欧盟宪法的话题上:为什么老成员国的大多数居民拒绝它呢?

一方面,每个人都低估了欧盟扩大带来的威胁,准确地说是威胁

感。波兰工人不一定会对生活在伦敦或巴黎的英国和法国公民的生存和生活构成威胁,但那里的人却有这种感觉。这个问题本来是可以以某种方式预先就处理好的,我们最应该做的是强调加入欧盟的好处。比如,强调东方的劳动力价廉物美。我认为,对波兰人而言,假如接受过良好培训的劳动力大批出国,其本身隐藏的风险比对英国造成的风险还要大。

另一方面,在发达国家,一部分雇员被迫被安置在这些国家的国民不愿意干的服务领域,因为他们认为这个领域不上档次。这对团结互助的思维方式提出质疑,而欧盟曾为之奋斗过。

这完全是真的,只是应该看一看,对那些干这份"脏"活的人来说,这是否意味着进步。因为假如波兰雇员在英国的生活条件比国内好,他们能对自己的孩子提供比国内更好的条件,那么未必就应该感到遗憾,因为他们不是全被安排在了高水平的工作岗位上。这对英国人也是做了一件好事,因为他们提供的服务是英国国民所需要的。

我从自己的亲身体验中知道,几十年前在比利时不可能找到水管工。西方人的抗议象征着什么?是波兰的水管工来啦!要知道,比利时、法国和英国没有水管工。可以说:波兰的水管工别来!但照样得有人修水管。也可以说:不必修那个该死的水管,换新的不就得了。只是这时候就得算计了,换新的比修理多花许多钱。

我只是想说明,不是否认入境雇员带来的威胁,而是探讨他们带来的好处并为之做准备。欧盟其实一直是伪善的。与中国的谈判进行了十年,目的取消或减少进口配额,让关税别那么高。随着纺织品进口限制的取消,中国商品充斥欧洲市场,这时每个人都很生气:这么多中国商品真可恶!欧盟本来有十年的时间去做准备工作,但什么也没有做。

欧盟已经成熟到了可以面对自我的程度。应该知道,不管传统、多姿多彩和民族特性的价值有多大,在某些问题上也应该适应世界潮流。否则,欧洲的人民将会落后,将会不被人关注,在我们之后的几代人将陷入比我们更糟的处境。

这种摇摆不定的立场也表现在就欧盟扩大问题没有举行全民公决,政治家们做出了这个决定——实际上忽视了人们的想法——后来当人们首次有机会借欧盟宪法表达对欧盟扩大的担忧时,令政治家们非常吃惊的是,这些担忧通过拒绝欧盟宪法表达了出来。我认为,欧盟的政治家们在这个问题上表现得不够聪明。最好是把有争议的问题和担忧摆到桌面上来谈,而不是避而不谈。

我认为,就欧盟宪法问题宣布举行全民公决是致命的和愚蠢的。这是表面上的民主。原因是,就这一问题无法给出明确的回答。宪法的结构和文字非常复杂,连懂行的人也不能真正、准确地理解它。

公众永远也不会去读它的。那为什么还要举行全民公决?

为什么要举行?怎么能把它作为全民公决的主题?这就像对托尔斯泰的小说《安娜·卡列尼娜》这样复杂的问题举行全民公决一样。我认为这是非常大的错误。再者,人们明确地表达出了自己的看法:欧盟的未来缺乏远景。这方面我已经谈过了。他们无法把这一宪法放进一个完整的设想、远景之中,使他们从中可以看到自己的未来、他们的国家的未来和欧盟的未来。

这说明老百姓比他们的领导人更现实。

绝对如此。老百姓更现实一些,政治家们——这是我最后的一个结论——脱离老百姓(顺便说一句,同样的想法在谈及匈牙利政党时已经出现过,因为那里的情况就是如此,但在欧洲的层面上也是如此)。在负责的政治领导人和老百姓之间没有对话。有时,对话经过预先的安排,因为他们的利益要求这么做,但这不是真正的对话。对话是一个过程,在这一过程中会出现不同的观点,会发生争论,这些争论也会产生某种结论。

这些想法在欧盟国家领导人在罗马签署宪法条约时尚未出现。有意思的是,这时——2004 年 10 月——你已经不是总理了,但你仍然出席了签字仪式。

历史上常常有这样的事情发生,某人开始干某事,但却由另一人完

第十二章 欧盟的未来

成。这个人也开始干某事，而这件事又将由另一人完成。从这个角度讲，任期是两年半或四年，甚至 12 年，完全都一样。生活是连续的。

结果是，我曾为之奋斗过的宪法，最终由我的继任者久尔恰尼·费伦茨在罗马签字。他则继续了我在雅典开始的传统，邀请我出席为我的工作画上句号的签字仪式。

这是非常有教益的，因为我可以体验到一个人离开权力后见到以前的同事是什么样的感受。在匈牙利今天经常出现这样的情形：人们，主要是政治家，在见到总理时的举止与见到前总理时不一样。而在国际上却不是这样的。在商业领域或政治领域，人们处理关系的依据是价值。人们一旦认为某人在以前的时期是重要的，那么即使他已经不在那么高的位置上了，他们的观点也不会发生改变。

在罗马的签字仪式上我就感受到了这一点，因为我照样能和若泽·曼努埃尔·巴罗佐或雅克·希拉克进行很好的交谈，格哈德·施罗德对我的问候与以前一样，比利时首相也像以前那样拍打我后背。这说明，在习惯性的、礼节性的关系之外，我成功地获得了某种东西，这对整个国家是重要的，不仅仅从我的威望角度看如此。

出席这个签字仪式的感觉真好，不仅是因为我受到了友好、热情的接待，而且因为我可以出席的这个活动从长远讲将决定欧盟的未来。即使不是这个文本，但以后欧盟仍应通过某种宪法，其文本与现在的相比不会有非常大的区别。

在前面你已经谈到过，在政治制度变化之后需要有几年时间去理解和消化，然后公众才会接受你重返政坛。你认为，欧盟的老成员国需要多长时间去消化，然后才能诚恳地接受——假如可以这么说的话——新成员国。

假如老成员国的政治家们能更充分地利用时间的话，那么到宪法通过时正好可以营造出那样一个局面：人们理解、接受并支持欧盟扩大，支持一个统一的宪法或宪法条约的诞生。我想，欧盟的政治家们没有很好利用 2000 年和 2004 年之间的这段时间，当时他们与新成员国之间的谈判正在紧锣密鼓地进行。

在谈到罗马的签字仪式时，你已经说过什么人找过你，在这些年你与谁建立了比正式关系更深的关系？与谁合作得最愉快？与谁合作不愉快？

一个人很难就从前的同事发表评论，因为他们中的多数人今天还没有卸任，在领导着一个国家。很容易说一些人的好话，他们理所应当。

在国会选举之前，我去了柏林，见到了格哈德·施罗德。我们之间非常友好的合作——可以说是友好关系——就是从那时开始的，这种合作在整个欧盟扩大期间以及双边关系的处理中得到延续。我从托尼·布莱尔身上学到了许多东西，不仅涉及政治领域，而且涉及人际关系。我见到的像他这样的政治家不多，从他的神情上看得出，他对别人的谈话感兴趣。这当然不总是意味着他赞同别人的观点。但他在感情上和精神上——不仅是身体上——"参加了"每次谈话。多年以来，我与法国总统和总理的关系甚好，因为我的语言知识和对法国文化的热爱意味着一种纽带。很早以前，我就得到法国总统颁发的荣誉军团勋章，而且是在我没有担任任何职务的时候。后来，在我当了总理后，他们提升了我的勋章等级。但第一枚勋章今天对我依然非常有价值，因为它肯定是颁发给我个人的，而不是颁发给职务的。一般来说，我与母语是法语的领导人私交都很好，卢森堡首相和比利时首相就属于此列。

应该说，我与丹麦总理的关系就冷淡得多，冲突也更多一些。在谈到哥本哈根谈判时，我已讲述过他了。也许，荷兰总理也属于此列。另外，还有斯洛伐克总理米库拉什·祖林达，他与每一位匈牙利总理的关系都紧张。在波兰人那里，很难跟上政局的变化，因为在我担任总理期间就有过多位伙伴。结果是，与一个人的关系刚热起来，一位新总理又来了。

在捷克人那里也如此。

在捷克人那里情况相似，尽管如此，应该说我与捷克的总理们关系

一直是好的。由于某种原因，我与每个人都建立了私交，即使我们之间有很多不同。比如弗拉迪米尔·什皮德拉总理，他对文艺复兴的艺术和历史的兴趣可能胜过对欧洲和匈捷关系问题的兴趣。我多次面带笑容出席匈捷经济研讨会，就宏观经济和欧洲经济的未来发表我的看法，而他却很快乐地、深深地沉浸在文艺复兴的历史之中。算上这一点，他是一个可爱的、有吸引力的人，与他可以建立好的关系。我与若泽·曼努埃尔·巴罗佐的关系非常好，是真正的友谊。

有意思的是，我与西班牙总理萨帕特罗没能建立起融洽的关系，而他是社会党人。我总感觉到，我思考政治问题的兴趣比他要浓厚，我们很难找到共同语言。与他相反，我与他的前任、来自右翼的玛丽亚·阿斯纳尔却建立起了个人友谊。有时，他周末会打来电话，和我谈论世界政治事务。

也许，为了有趣也值得提一提西尔维奥·贝卢斯科尼，他是个真正的享乐主义者。可以批判他，可以说他浅薄，在某种意义上可以抨击他有专制倾向，或者说他不严肃，但他是个十分有吸引力的人！有一次，我和妻子在意大利过复活节，他打电话要我们访问撒丁岛。我有点为难，因为我无法解决从威尼斯去撒丁岛的问题，但他立刻就采取了办法：他为我们派来了一架飞机。当晚——为了博得我妻子的高兴——他拿起一把吉他，开始弹奏意大利民歌，他的确唱得不错。他透露说，他在巴黎上大学时，学习之余就在酒吧表演，这样就能挣点零花钱。自然，与这样的人是比较容易建立好的关系的。

在圣彼得堡举行建市 300 周年庆典时，世界政治舞台的所有重要人物云集这里。在匈牙利帮助下翻修一新的唯一挂名拉科齐·费伦茨二世的俄罗斯国营酒窖里，我安排我的陪同人员呆在那里。我对西尔维奥·贝卢斯科尼说："进来吧！我们用托考伊葡萄酒款待你。"他没有发现这是陷阱，于是带着他的人马就进来了。当我们端起斟满托考伊葡萄酒的酒杯一起碰杯时，摄影记者们突然出现，贝卢斯科尼恍然大悟！当时，在托考伊这个名字的使用究竟应该归谁的问题上正进行着一场争论,他走进了陷阱,因为通过碰杯他承认了匈牙利的托考伊葡萄酒。当然,他对此哈哈大笑,而我们也从未在任何地方把这些照片用于这个目的,他知道他在这方面可以信赖我们。

但比这更重要的其实是,一个这样的小国(或者我们"放开胆子把自己梦想得大一点",一个这样的中等国家)在相对强大的欧盟究竟如何能实现自己的利益和愿望。从这个角度讲,我从我的卢森堡朋友身上学到的东西最多。卢森堡首相能用自己的例子证明给世人看:一个小国都能做什么,假如它清楚地知道自己的位置在哪里,假如它对这个世界有自己明确的设想,假如它有一个能与所有人达成共识的领导人,因为他讲话诚恳而直率。再者,他还是个和蔼的人。

喏,卢森堡在这方面是个极好的例子:一个较小的国家完全可以为自己赢得威望,一旦有需要,它就会表现出灵活性。因为威望需要的是,在必要时要展示出力量,而在其他时候则要显示出适当的奸诈或狡猾以及进取心。假如这些都具备了,再加上适当的灵活性,那么多数情况下会使民族利益得以实现。我想,每个匈牙利总理都可以学习卢森堡的例子和卢森堡首相的人格。

你刚才谈到本地区的总理和这个地区国家的思维方式,这与那个希望是对立的,即让联合的思想在可预见的时间内在欧洲得到普及。

只要我们想统一,新的扩大又将会被提出来。完全统一的欧洲永远也不会出现,至少我不相信。但我非常希望,一些欧洲国家的经济和福利状况相互接近。这种接近在经济上发展得相对好一些,原因是中东欧国家特别的愿望、活力和开放性抵消了西欧的发达。我相信,在经济上一个相对快的一体化正在进行,它是文化和社会开放、在一系列问题上的对话和接近的基础。

我不逃避上面的问题,我认为,要让多数欧盟的公民对欧洲主义本身有一致的想法,那么在思维方式上需要有一个世代交替。我宁愿把欧洲主义看作一种——对我们自己、我们的民族、欧洲和我们的家庭的——极高的要求。

第十三章　欧盟的未来

第十四章

继续向世界开放

现在我们就外交已经谈得足够多了,这也是自然的事情,因为你现在担任巡回大使的角色。实际情况是,外交对匈牙利舆论,但也许对大多数政治家而言并非如此重要……

是的,因为我们没有真正察觉到世界已经开放到了什么程度。我可以说,在匈牙利过去150年的历史中,外交从来就不重要。

只有在出现麻烦的时候才重要吗?

只有出现迫不得已的情况,它才显得重要。但我不想如此轻率地谈论这个问题。我认为,在今日世界上外交和国际关系受到关注是不可避免的,因为全球化在很大程度上打开了世界。匈牙利人也乐于接受这件事,即按一下电视上的一个按钮,通过有线电视系统我们什么台都能接收到,从 CNN 到半岛电视台,欧洲新闻台就有三种语言,此外还有许多匈牙利频道或邻国的节目。

这种类型的全景窗口迟早会迫使普通人也要向世界开放。当然真正的问题不是这个,而是一个人在做出决策前被迫进行权衡时他有多开放。因为电视机可以关上,但这种开放性一旦嵌入人们的生活,就再也不可能去除。只要有这种需求,那么教师、单位领导、政治家或文化代表就应该做很多事情,使这个小国意识到:我们与世界是多么的相互依赖啊!

在你担任总理期间,不管怎么说,你开始向世界的多个地区展示出与这种思维方式相适应的开放性。你开始与一些多年来与匈牙利没有实质性关系的国家重新对话。作出这些决定的动因是什么?

许多事情都可以成为这些关系的动因。对某些经济集团来说,将经济合作提升到适当的水平自然是非常重要的,因此政府的义务就是在两国之间建立正常的关系。然而,这需要个人关系,我们还无法对此进行真正的评价。但在这样非常重大的事情上,不允许低估个人的关系。

我们看看俄罗斯:关于弗拉基米尔·普京,可以说他使国家稳定,但另一方面他使民主化进程停了下来,或者说没有继续推动这一进程。但关于他,肯定不可以说他对俄罗斯的未来和世界政治没有独立的见解。

应他的友好邀请,我访问了圣彼得堡,我受到了极大的关注。如此高级别的领导人陪同要离开的客人去机场,这不是常有的事情,而他就这么做了。在车上——在翻译的帮助下——我们俩进行交谈。俄罗斯国家电视台的新闻节目把这些画面播放了一整天。对匈牙利来说,用其他任何办法也不可能取得如此好的公关效果。这次谈话非常清楚地显示出,他对联邦的关系和制度是如何思考的,对俄罗斯和俄罗斯人民的未来是如何思考的,对世界的趋势、大国的地位和责任是如何思考的。所有这一切都在说明,他是个非常严肃的思考者,他了解自己国家的各种关系。

请允许我补充一句,我第一次访问后俄匈贸易额增长了50%,第二年又增长了40%。因此,关系的重新启动是有可以衡量的、用手可以触摸到的优势的:匈牙利的生产者、匈牙利的就业、匈牙利的贸易可以靠这些正在扩大的关系生存,这是十分重大的事情。

另一个非常令人兴奋的问题是匈美关系。美国是世界政治的决定性因素,这不是问题,匈牙利十分需要与这样的大国建立良好的关系。

匈牙利希望这些国家的投资者来,首先是希望美国的投资者来,这是自然的事情。但美国人——除了美国干预伊拉克时匈牙利提供的那种合作之外——还能得到其他东西吗,假如他们和我们保持高级别的关系?

匈牙利有限度地参与了美国在伊拉克的反恐行动,要克服这件事造成的不愉快不是那么容易的。因为从匈牙利的安全角度看,北约以及在北约内部首先是美国在发挥非常重要的作用。美国在 20 世纪欧洲历史的形成中起了非常积极和前瞻性的作用。非常重要的是,在这其中匈牙利也能确保自己的安全,美匈关系在这里面发挥非常大的作用。

只是这对欧洲的影响表现在了其他的方面,当美国作为超级大国独自留在世界政治舞台上的时候。

我也这么想。因此非常重要的是,不能听任美国随心所欲,不管是在好的意义上还是在坏的意义上均是如此。因为缺少监督——这是民主的基础——世界不会运转,缺少平衡力世界不会运转。

比如就应该说出已经多次提到的欧盟的远景,需要强大的欧盟,它同时意味着经济竞争力、福利保障和社会和平,意味着文化发展、培训和研究,意味着强大和谐的外交政策、安全政策和共同的武装力量。

在这个意义上,欧盟的武装力量之所以重要,不仅是因为它给我们提供了一种安全,而且因为在世界政治中欧盟有其使命。在世界政治的因素中应该建立平衡! 但欧盟要承担这个角色,就需要在美国和欧盟之间以及在像匈牙利和美国这样的国家之间不断进行对话。

因此,同时需要紧密的经济关系,因为我们需要投资者。对安全政策而言合作是重要的,但让美国人了解我们所代表的独特的中欧思维方式同样重要。在我担任总理的二年零四个月的时间里,我在华盛顿两次会晤美国总统,我们能就世界政治、安全、匈美经济关系和其他问题进行相互交谈。

第十四章 继续向世界开放

每一次我都试图留下一个那样的形象,即匈牙利的政治家是可信赖的伙伴。这个国家知道它的位置,但它有民族自豪感,有能力实现自己的民族利益。乔治·布什是个很有个性的人物:他当然知道他是世界最强大的国家的头号人物,同时他又有一种诚恳和开放,几乎是孩子般的可爱。当然,许多时候这就是美国人的天性,在这种意义上他大概代表普通美国人的思维方式。关于欧洲人和美国人思维方式的差别,在此仅举一例:在圣彼得堡的庆典活动上我们相遇了,他的眼睛闪烁着光芒,"嗨,彼得!"他大喊一声向我问候。他友好地拍打我的后背,差点使我摔倒在地。在欧洲的政治家中就没有这种习惯,我们在安静的微笑之中简单地相互握手。

实质性的东西并非这个,而是乔治·布什总是在任何场合向美国的公众公开说:匈牙利是美国的小但却重要的盟友,他愿意与其领导人坐下来会谈。这给了美国的投资者信心。美国人看到这样的画面就会对自己说:既然我们来自得克萨斯的好总统喜欢匈牙利总理到了拍打后背的程度,那他一定是个诚实的人。既然是个诚实的人,他的国家就不可能有大的问题。既然那是个诚实的国家,那么就应该去认识一下,先是以旅游者的身份去,然后也许会以投资者的身份去。

最后,我认为匈美关系已步入正常轨道,因为久尔恰尼·费伦茨延续了这种开放政策,但我认为今天应该为匈俄关系多做点事情,因为近年来双边关系有点淡化。

应该谈谈匈中关系的变化,因为 47 年后我作为匈牙利总理于 2003 年 8 月首次访问中国首都,此后双边关系又一次处于非常好的水平。我的这次访问印证了一个认识:也许世界政治权利的中心在美国,而且长时间内也将留在那里,但未来 20 年中国将是世界经济的决定因素。这一点必须要考虑到,匈牙利也必须充分利用这个形势。

在这个时刻,你认为世界政治最大的挑战是什么?

没有最大的挑战,许多挑战交织在一起。这其中最大的挑战之一是自然环境的变化。这里说的不仅是时髦的气候变暖问题,其实在这一问题上学者之间也未达成一致。但有一点是肯定的,环境在很大程度上遭到侵蚀、破坏和过度使用。我们真的没有觉察到环境的恶化。我知道,许多人把环保人士视为极端分子,但每个人都应该感激他们,他们一直在呼吁人们注意这个危险。他们告诉我们,假如不注意的话,会有什么样的危险。

另一个挑战是贫穷和与贫穷有关的疾病、传染病和流行病,它们横扫世界,对它们必须有所准备,因为它们会引起巨大的社会和健康问题。非洲是个被人遗忘的大陆,几乎像不存在一样,这迟早是会带来恶果的,非洲可能会成为非常大的问题的源泉。假如我们什么也不做,非洲会变成无法居住的地方,而源自那里的流行病则会毁灭世界。因此针对这些必须无条件地做些什么——这是另一个巨大的挑战。

但安全、相互尊重、既不可输出民主也不可输出革命的认识也是如此。这行不通。有一次,在北约峰会上我们谈起了伊拉克战争。总共19 个国家的元首、总理和北约秘书长一起共进午餐。我相信,美国和英国情报部门的报告是准确的,伊拉克的确有大规模杀伤性武器。我支持为了世界的安全采取必要的行动。但我后来发言时说:"这个我理解,我只是非常想知道,我们获胜后将会发生什么?因为一个多国军事力量取胜不是问题。但在这之后,我们想要什么呢?"

许多人不明白我在问什么。他们马上回答说,我们将建立民主和自由。他们还说了一些这个时候习惯说的话。我回应说,这很美好,但谁知道我们面对巴比伦帝国 4000 年的传统想要开始做什么?因为这些不是建立在传统的欧洲、罗马或希腊的基本规则之上的民主。因此今天也不可能像对待西欧国家那样对待它们。这些是几千年的文化,正如同在地中海另一边的我们引以为豪的文化一样。不允许在文化之间分高下。

第十五章

世界上有许多传统和模式
每个都值得学习

　　顺着这个思路,我们会得出:由于不同的历史发展的原因,世界上出现了不同的模式,它们互相竞争,也许会从另一个模式中拿来一些成分,并将其吸收到自己的体系之中,但很难按照另一个模式去改变一个民族的思维方式。

　　是的,只可能汲取某些成分,并将其运用到特定的国家体系之中,比方说经济体系。但也可以汲取思维方式方面的例子,这些决定了一个社会的运转。

　　我举一个最典型的例子:欧洲在过去 15 年里证明,它懒于适应,不灵活,发展缓慢,固步自封,许多时候非常伪善。从这个角度而言,中欧比西欧更有活力,但从历史发展的角度而言这个差别微乎其微。与此相反,在美国从童年起就训练人们要相信自己的未来,要乐观,在寻找解决办法方面要彻底进行思考,假如失败永远不要放弃,永远都可以重新开始。这个堪称典范!

　　我并非以此否认美国有大的问题,因为他们的头脑把世界给简单化了,甚至到了使人类倒退的地步。然而非常好的一点是,每一次重新开始在他们的思想上都有回报。假如要做出改变,他们不是把它看成悲剧,而是看成新的机会。所以,假如某件事情没有成功,他们绝对不会将其视为灾难,他们会对自己说:"你是成功的,你是聪明的,你的能力很强。重新开始吧!干吧!"他们也这么告诉家人和朋友。正是这种态度为适应能力打下了基础,这方面美国比欧洲更强,更成功。

在美国,大家有一个共同的想法:完全可以信任人们,因为他们有能力解决自己的问题。从这个意义上讲,国家就是一个比赛的安排者,是一个制定基本规则的机构,在一定的框架内它给予支持和帮助,但这建立在这样的基础上:人们想解决自己的问题,也有能力解决。

在原社会主义国家的制度发生变化时,有过一个历史性的瞬间,当时人们对世界也持如此开放的想法:人们和改变制度的政治家们从对制度变化的必要性和可能性的认知中汲取营养,而老的政治精英的多名领导人则是出于被迫才做到了这一点。后来,变化的力度减弱,在有的地方减弱得快,在有的地方减弱得慢。在我们这里,比如在第一届民主选举产生的政府执政期间,人们的热情就消失了。但我还是要说,在欧洲我们这个地区依然是变化的化身。只是在这个大陆,人们一般不太相信自己。假如人们不相信自己的力量和能力,那么他们就不相信:不应该总是依赖别人,信任别人。因为他们自己才是有能力解决问题的人。

我不坚持欧洲把美国的模式照搬过来,我敢肯定,包括匈牙利在内,在我们的大陆上应该实现比今天更灵活、更开放、更有变革能力的社会模式。这个模式有能力维持欧洲、欧洲的思想、欧洲的价值观和欧洲的运转能力。这个模式在保护欧洲传统的同时,有能力描绘一个现代化的世界并实现它。

从这个角度讲,区分老欧洲与新欧洲不是没有道理(当然,区分的方法与美国国防部长唐纳德·拉姆斯菲尔德不同。2003年春天,他把反对美国对伊拉克动武的国家称为"老欧洲",而将支持动武的国家称为"新欧洲")。我将老欧洲这个表述用于福利国家,用于成功的、富裕的、在一定意义上非常舒适的欧洲社会。我将被迫发生变化但至少可能会变化的地区理解为"新欧洲",地理上大致就是中东欧。

亚洲的变化比美国的还要快。这个模式不可以学习吗？或者至少可以把某些成分借鉴过来？

亚洲的模式完全不同,不能把美国和欧洲的模式与之相比较。我们不管是看印度,还是看中国,亚洲都打上了相当尊重权威的印记。很清楚的是,在道教或儒教、佛教或印度教流传的地区,这里的社会都有一个非常强烈的权威原则。欧洲的民主可追溯到古代,在过去的大约两千年里我们一直在完善它。在中国、中亚或者远东——我认为——民主在那里没有传承。但并不意味着现在或未来在这些社会里不可以有民主。我只是想说,在过去的 1000 年里,完全是不同的治国理念在那里起作用。

与欧洲人使用的民主概念相反,在世界的这个地方,社会是在不同的等级制度里建立起来的,因而价值观的意义不同,且这些价值观属于不同的体系。他们的看问题的方法和思维方法也完全不同,也许中国的文字最好地反映出这一点。看一眼中国文字,它与欧洲文字传递的信息完全不同。

美国和欧洲的模式有很大不同,但却无根本性的差异。我相信,从社会制度的角度而言,亚洲模式不可能成为欧洲学习的榜样。我同时深信,建立在上述哲学基础之上的非常强烈的亚洲传统和努力,即可以预见某事,做长远的计划并实现它,这对包括匈牙利在内的欧洲也是可考虑的对待事情的态度。

这种看得长远其实是奇特的事情,因为在人的内心有对民主的自然需求,同时也有对看得长远和稳定的需求。当然这两者是很难调和的。印度的准君主制、中国在儒教哲学的基础上形成的生活观为看得长远提供了可能,而在我们的世界里,非常长的预见最多五至七年,但可能更短。在政治制度变化时,我们也没有看得更远。

在亚洲,不管从什么意义上看,各个方面都是不同的。当然,谁要

是没有机会从近距离观察那里是如何建设一座座大城市的,比如奥运会举办地北京和世界博览会举办地上海,那么他是很难理解这一点的。从这些建设中可以看出,在亚洲人们能梦想到几十年后的未来,有能力实现这些计划和梦想。即使在发生人事和政权更迭时也是如此——因为这些变化是必要的,部分原因是时代在进步,部分原因是世界精神在变化,但人们对于继续执行以前作出的决定没有疑虑。

看得长远是人类的自然需求,这在民主国家的实现比在亚洲体制下实现所受到的限制不可避免地要多一些。然而我认为,值得对以下问题进行非常详细的研究:如何能在我们的大陆把"舍弃与保留"的哲学,即如何确保继承与创新的和谐植入公共思维之中。我认为,这是政治制度变化后第一届政府执政时期的基本问题,在我的整个执政期间这个想法都在折磨着我。

看得出来,你在担任联合政府总理后就在思考这个问题,因而这里面有连续性,但政府的人员构成有变化,因而也有非连续性。

我更愿意强调,我非常清楚地感受到:应该给人们提供长远的解决办法,因为应该满足他们对安全和稳定的需求,在这里它们与国家的利益是相同的。在谈到亚洲模式的时候,我只是强调,除了长远打算和尊重计划之外,有一个想法是基本的,也是可取的,就是认为国家的成就非常重要,谦卑的工作是其中的一部分。

在欧洲,在如何运作一个社会方面也存在多种模式。前面提到过,在政治制度变化时,奥地利对匈牙利人而言就是这样的"令人羡慕的国家"、一个楷模,我们想把自己与之进行比较。后来,也多次提到瑞典模式。这些模式在我们这里为何不能运转?

传统的福利国家压根儿就没有运作能力,因为它不能对快速的变化作出反应,常常使人变懒惰。它作出承诺,在这些承诺的影响下不可能出现这样的想法,即可以信任人们,因为他们有能力料理自己的事情。这种福利模式使人感到,除了受到保护和得到帮助,人们真的不知道,也没有能力以别的方式获得成功。这阻止变化,严重限制人们的适应能力,使人们变懒惰。人们对自己说:"那好吧! 我尝试一下,但如果不成功,那就请给我解决问题吧!"

找工作是这方面最有代表性的日常例子。今天,让一个人变灵活一点,找一个比所学专业更能适应市场需求的新职业还不是一件轻而易举的事情。然而越来越明显的是,假如某人在某大学、学院或专业学校获得某种文凭,又正巧在这个领域找到属于自己的未来,这在欧洲以后的几十年里将没有任何保障。不排除他找到专业对口的工作,或者至少过渡性安置自己并开始自己的事业,但这根本没有保障。

在福利国家的年轻人中——从这个角度讲匈牙利已经追赶上了——今天普遍接受的观念是:其实我可以学到 30 岁,因为我的父母允许我这么做。再说,国家也有义务满足我所有的学习需求。我可以期待,在国家的帮助下拿到第三张文凭。假如我期待国家为我的第三张文凭提供帮助,那么事实上我不用为最终工作并利用迄今所学的知识而去做任何事情。好吧! 我会想办法安置自己的,因为我有一大堆文凭。但假如这期间才搞明白,正是第四个专业需要劳动力,那我该怎么办? 因为市场需求已经发生了变化。这时候,我自然要等待并向国家提出要求:行行好吧! 在我找到工作之前给我一点失业救济金,为我的安置提供一点补贴,鼓励我吧!

因此,在今天的福利国家,雇员们都变懒惰了,他们不想动,因为他们知道国家会在某种程度上为他们的生活提供保障。正因为这一点,他们没有适应能力。

另一个与之相反的模式对我来说同样很难接受。它实际上在说,除了竞争力和成绩,别的什么都不重要,不必谈论烦恼和问题。谁在起步时不具备适当的知识,他就已经成了失败者,才能被表面化,因而没有必要为消除差别而浪费时间。市场会自己解决所有的问题,通过成就的增长可以建设有运作能力的、成功的社会。这也是行不通的模式!

假如看到对未来的这个预测,那么除了应该对培训费用进行彻底的支付外,我看不到更好的解决办法。同时为了机会均等,对于出身贫困的年轻人，应该从幼儿园起就为他们保障特殊的优势。因此要同时有严格的市场法则、团结互助和提供机会的国家。

第十六章

一个模式的轮廓

这又是一个典型的迈杰希的观点吗？这是那种在左翼和自由主义的争论中摇摆不定的观点。

谁也不能脱胎换骨，谁也不能跨越自己的影子！我当然也不能。我认为，就一个模式来说，首先重要的是它要能运作起来。我是一个务实的人，我想，应该给有运作能力的模式提供帮助和支持。

这个模式会是什么样？

我们从社会角度来看这个模式。前面已经谈到，我们不能照搬亚洲模式，因为欧洲和美国的历史、文化、宗教和哲学的基本观点不同。在这些大陆，没有比民主更好的模式了。因此我所设想的模式中最重要的成分是民主。我所设想的民主是，它里面要同时有继承和创新，两者之间要有适当的比例。因为这很重要。在今天的中欧社会尤其是在匈牙利，人们认为民主的实质是只有创新。这个基本立场始于制度变化之时，这在当时是可以理解的，但这种思想在此后的各届民主政府执政期间却已无法解释。我的设想是，连续性、变化和创新要同时存在。

另一件事是直接民主和代议民主的比例。我不得不从"哲学"的高度回到匈牙利的现实之中，不得不说：1989—1990 年，当时的领导人

确定的那个基本模式在当时的形势下是好的。但今天匈牙利的代议民主和直接民主的比例不协调。在某些领域,应该更大限度地、更大胆地依赖直接民主。

不管一些人对直接选举总统是多么的担忧和反感,但我认为这不是坏事,总统代表连续性,跨越政治周期,因为他的任期比政府长。总统有职权,这是匈牙利的政治精英所害怕的。今天的宪法没有明确地赋予总统权力,但却把某些机会留给了总统。由于性格的原因,根茨·阿尔帕德非常宽容,马德尔·费伦茨是个已经有点儿好干预政务的共和国总统,我一点儿也不排除现在的共和国总统将会更多地干预政务。

应该通过直接民主的途径即以直接选举的方式选举共和国总统,我的这个观点是明确的。我还断言,需要第二个议院,因为民间组织和各地区今天无法对国家的生活发表意见,这对由政党构成的"下院"意味着强有力的监督。应该把时间错开,不要让所有的机构同时发生改变,因此在匈牙利的内政方面要形成连续性和和谐的变化。应该这样使在长远打算和基本问题上寻求共识成为可能。

因而这也是一种社会模式。它有能力帮助出台一些计划,这些计划不仅取决于瞬间的政治利益和各机构的人员构成,而且会根据长远的目标和利益,对诸如居民区、公路网、能源、排水系统和水网的发展进行调整。被迫的妥协将可能出现。它会把那些不能承受短期思维的基本问题放在优先考虑的位置上。请别让我说,这些短期思维毫无价值,它们是今天这个世界的特点。

今天,匈牙利有3200个自治政府,这从国家的大小来看是可笑的。我不相信,需要的自治政府会多于400—500个。区域化不可避免。过多的国家机构之所以糟糕,不仅是因为昂贵,而且因为它们高高在上,自由支配和享有的权力太多。在今天这个电子世界里,国家的运作需要完全的"电子化"改革。

关于市场和团结互助的结合,我认为,没有能力团结互助的社会迟早会陷入严重的危机。不能把竞争看成唯一的东西。我无法想象正常的社会怎么能缺少团结互助。并非团结互助的那个观点好，即一个慷慨的阶层理解：应该将他们获得的财富分给那些贫困的人，那些不能真正获得成功的人。为了社会的和谐，重新分配还是必要的。这件事情我不这么看，自社会制度发生改变以来，"我们"——匈牙利的社会和政治家一直相信这种团结互助。这是可以理解的，因为多数欧洲人也是这样理解团结互助的。我的想法恰恰相反：包括匈牙利在内的欧洲的利益是，现有社会的团结互助不仅仅出于被迫才得以实现，而主要是要让经济和文化成就即社会总产值尽可能达到最佳效果：让我们把最好的成果拿出来。

因此，这个观点不是简单地说，我的心肠好，我给你我的财富，而也在说，我理解你：假如我增加你的机会，假如我给那些因某种原因而贫困的人创造机会，那么我这样就能改善我们所有人的前景和成就。

这个我是谁？纳税人吗？

只能是纳税人，其他任何人也没有这笔钱，当然在纳税人和受益人之间还有国家，财富的转移由国家完成。但我绝对能够想象的是，比如企业自己也有这样的想法。今天，那些认为新的企业类型出现的经济和政治理论越来越普及。这个公司远远超出了国家的边界，考虑的不是一个国家，正是由于市场的全球化，它成为跨国公司，并合情合理地担当起了某些角色，由于没有国际性的国家，这些角色必须也应该由另外的某个人来承担。

这是克林顿主义。或者这本应该是。

我所说的与克林顿主义的区别在于，从理论上讲，一个"国际性"国家在欧洲的出现是可以想象的。我持联邦主义者的观点。在50年即两代人的时间里，要让下一代人做好准备：只要欧洲想在这个世界上占有一席之地，它就应该向联邦主义的方向迈进。一个联邦制准国家能够完成那些使机会均等的任务，今天这些任务由全球性公司以有趣的、间接的方式在完成。或者没有人去完成它们。

至于民主国家或欧盟能否把全球性公司的这些角色接过来，或者

这些比例大致保留下来,今天还说不准。我只是看到,在国家完成财富转移的任务的同时,自然也有全球性公司在对这个新的团结互助的理解中发挥的作用,这种作用暂时体现在哲学的层面上。

在我们这里暂时可以发现,最有互助精神的企业家类型是新的小企业家,他们创造六个工作岗位,种种迹象表明,他们比任何的国家投资、大企业投资或任何的社会"投资者"获得的更多一些。从市场和社会意义上讲,小企业家在这个制度中地位在哪里?因为看起来,竞争力和效率与对弱小者的扶持是相反的,甚至即使有国家优惠,大部分也是被大企业拿走。我把问题换一种方式说:在匈牙利,对社会敏感的大企业曾有一个基本模式,生产合作社及其附属工厂的运转在世界上独一无二,它保障了整个村庄和周边地区的整个福利供应。这已不复存在,但与之类似的能够替代它的机制却没有形成。投资者带来了技能中心和开发,却带走了工作岗位,他们想都没想过社会问题。

我不想说,大企业没有想过社会问题。我感觉并体验到,这些全球性的大企业承担了某些文化职能和某些社会职能。例如,有一种做法越来越流行,它们为员工保障优惠的伙食,给他们发餐券,职工可以在所有的餐馆用这些餐券吃午饭。因此企业不建食堂——中国有一个特点,企业有自己的食堂——而是说:请吧!这里有几家餐馆,你可以在那里用这个餐券买下等值的饭菜。或者比如,医疗服务从前在"社会主义大企业"里运转过,现在通过雇主提供资金,保险则得以重生。或者越来越典型的是,大银行开始购买当代油画并布置在墙上,这使得当代画家进行创作成为可能。银行有意识地对风险进行权衡,这些油画中的一部分五年后将一钱不值,另一部分则可能会大幅升值。我认为,一个全球性大企业今天的运作比我们局外人的想象要复杂得多。

返回中小企业的话题:今天被强调了许多次的地方发展预先只能设想为团结互助的中小企业网的运作。地方发展将带来典型的多功能的企业。

团结互助——我将其视为最重要的价值观之一——因而是多功能

的。从社会和平的角度讲这是重要的,但在促进社会生产方面同样重要。它也是幸福的因素,因为人们以某种方式在自己的成就和社会的总成就中找到幸福。此外,人们来自不同的生活状况即机会状况,可以不喜欢它,但应该注意到这一点。假如我们不去试图改变这些差别,那么一方面会把公正性排除在外,另一方面会伴随着无限的巨大风险,对社会而言也意味着不可预料的危险。

假如一个孩子仅仅因为出身的缘故而遭遇与父母相同的待遇,这是令人难过的,对他个人而言也是一种伤害。这个孩子什么也做不了。孩子是人类、民族和家庭的财富。应该给他们机会和帮助,使他们的生活出现转机。在这方面,国家应该以积极的方式、有意识地区别对待他们。知识的获取和能力的开发都属于人类公正和社会总利益的范畴。

我举一个匈牙利吉普赛人生存状况的例子。在匈牙利,吉普赛人的生存状态之所以差,是因为他们没有接受教育,不能适应需要遵守纪律的工作。假如我们不显示出积极的团结互助,不改善这些人的起步机遇,那么社会矛盾就会爆发。应该给那些想工作的诚实的吉普赛人创造机会,他们找不到工作并非由于自身有过错,而是因为有偏见以及缺乏可利用的知识,他们在市场上得不到机会。假如我们不能使这些年轻人站在同一条起跑线上,但至少接近平均的起跑线,那么在这个国家不仅是他们,而且每个人的机会都很糟糕。

因此,这种类型的团结互助——用讽刺的话说——是自私的团结互助。是利己主义的社会团结互助。没有关系!我想,应该认识并承认这一点,因为这个模式还有另一个成分,即人们有能力控制自己的命运。不应该经常性地依赖国家。人一旦认识到自我的利益,一旦允许甚至为此创造自由,那么他们的自我组织能力就能表现出来,因而国家不是"帮助",而是提供机会。这个应该和成绩结合起来。

我深信自己有继续提高成绩的影响力。因此,我完成了某件事情的那个意识和感觉会刺激我去做出更大的成绩,继续前进。

在这个意义上,我想我的模式是一个混合体,它比社会民主党、自

由党或者右翼保守党的模式更能适应今天的挑战。

人们等待针对日常烦恼的解决办法。他们想拥有一个幻景、一个未来的前景以及具体的行动模式,但在他们的头脑中区分不开这些问题:这个是左翼的社会民主党的模式,那个是保守党的模式,这个则是自由党的模式。人们只是在寻找明智的解决办法。

今天的政治家理解这个,但他们选择更容易的解决办法,给出平民主义的答案。

是的,因为这会使普通人得到短暂的安慰。但当他们每日都要面对没有得到解决的问题,面对欧洲的落后,这一点他们亲身感受到了,许多时候他们要面对复杂的"骗人的"花样,这时他们自然会对政治感到失望。失望的怪圈会催生平民主义,平民主义又会滋生出失望,以此类推。但不能这样下去。

尽管如此,不管是左翼还是右翼都正向平民主义的方向发展,它们不试图描绘未来的前景、幻景,把那些属于美国、亚洲和欧洲的不同模式的价值观综合在一起。

在你作为总理实施百日纲领之后,你也被指控搞平民主义。今天,双方互相瞧不起对方。这种局面如何改变?

很难。要知道,世界在发展。不管我们朝哪个方向走,在所有的地方都可以看到,信息非常地简化了。在政治舞台上,不能带着复杂的信息出现。为什么?今天,电子新闻媒体决定了人们的思维方式。这里面只能容纳非常简单的信息:政治家长相如何?他是否微笑?他周围的人是否可爱?在这些吸引人眼球的内容旁边,至多只能把要向人们传达的信息压缩成两个简单的句子。这对每个人都施加了非常大的压力:要想成功,就要向平民主义的方向走。

平民主义究竟是什么?假如一个政治家了解人们的意见,在寻找问题的解决办法时走向那个方向,这还不是平民主义。假如他试图说出人们想听的话,但又清楚地知道没有实现的条件、没有能力做到,因而只是不负责任的许诺时,这就变成了平民主义。

我——也许是今天的匈牙利政治家中唯一的一个——遵守了竞选承诺的人。我做了需要做的事情。

你现在生活如何？在国内你的朋友肯定比一年半之前少了许多。

在国内也许是这样，但在国外朋友却更多了。我对国内的关系变化不会感到特别难过，因为那种依赖职位的"友谊"又能值钱多少呢？真正的朋友则保留了下来，甚至我有更多的时间去加强与他们的关系，这个他们也乐于接受。在国外，每个人只在看，这个来谈判的匈牙利政治家想要干什么。

一个人即使已经不是总理了，他的目标依然会保留下来。我在权力巅峰时自然为这些目标奋斗过，但我不会仅仅因为今天已不在那个位置上了，就放弃我的设想。恰恰相反！这样每个人都可以确信，我所做的是出于无私，是为了国家的利益，因为我已经没有职权方面的雄心了。

我心中的未来前景是一个联邦制的，各民族和少数民族自由繁荣的欧洲。在这里，人们在知识和成绩的基础上获得成功，他们有越来越多的机会去获取知识和成绩。开放性与团结互助、竞争与调节的新的更合理的结合将为他们提供这方面所需的条件。要创造这些条件，从很多角度看，需要新的政策，新的左翼的观点。我的社会民主党和自由党的世界观也许可以在这方面提供帮助。

附录一

迈杰希·彼得在匈牙利社会党
总理提名大会上的讲话

2001 年 6 月 9 日

尊敬的大会！亲爱的朋友们！

我是来缔结同盟的。让我们在党内缔结同盟，一年后我们就可以与民族缔结同盟。目的是建设一个更富裕、更公正的匈牙利。

我们参加竞选活动的目的是，让那样的一些政治力量在 2002 年可以站在匈牙利之舵的旁边，它们不只是向全国所有居民许诺福利、自由和安全，而且也将实现政治制度变化的真正目标。这是我们的同胞们的共同意愿。我坚信会获得胜利。

我们未来的政府将是想为国家和同胞们的命运干一番事业的民族中间派政府。这是现代的社会民主党政府，它致力于和解，一个新的民族和解的实现。之所以是左翼和社会民主党政府，是因为社会公正和创造机会将是它最重要的目标。我们吸收自由党的价值观，无限地尊重并实现自由的权利，接受不同意见。

我们继承并弘扬民族传统和民族文化。始终代表爱国和民族利益将是我们的自然义务。这就是说，我们对古典的、被称为保守的特性持开放态度。我们的党是那样的社会民主党，与之相近的政党在托尼·布莱尔的领导下前天在英国获胜，或者是像格哈德·施罗德或里奥内

尔·若斯潘领导的政党。在欧盟,有十个国家的政府里有社会民主党。因而我们可以大胆地说,匈牙利社会党在欧盟属于主流政党。

亲爱的朋友们!

我想用那样的政策为国家服务,它对于公共利益有话要说,它有对未来的设想,对人们的问题敏感。真正倾听人们的心声。民族中间派政府将是我们所有人的政府,是每一个匈牙利公民的政府。在这个政府里,除现代的社会民主党的基本价值观外,自由党的、温和保守党的或绿党的思想和平相处。正如我们的国旗一样(社会民主党代表红色,温和保守党代表白色,绿党的思想代表绿色。而匈牙利国旗由红、白、绿三种颜色组成。——译者注)。

我们不想在社会上制造裂缝,而是想弥合别人制造的裂缝。现在,我们的历史被人改写,我们失去了未来发展的基础。我们不想改写历史,而是想做政治制度变化时的政府和现政府所没有做的事情。

新政府将保留并强调政治制度变化以来所做出的那些为国家利益服务的决定。即使这些决定是由现在的政治竞争对手作出的,我们也要这么做。我们不会因为不是我们启动的投资项目,就让它停工,我们将把所有懂行的、好的工作人员留下来,不管他们是由谁任命的。我们不想把人们得到的一切夺走。我们在现有的基础上搞建设,因为我们想要的是更多和更好。

我们尊重一切那样的标准和习惯——不管是写在纸上的,还是没有写在纸上的——只要它们有助于理解和宽容,而不是报复和攻击的政策的实现。仅在一件事情上我们不能有例外。一切违法行为和涉嫌腐败的案件我们都要调查。阻止资金流失是所有政府的义务。我承诺,在违法行为的铲除方面,我不带政治意图和偏见。

在新的社会和政治道德的建设中,我们要走在前列。我们要重新让人们相信政治和政治家的诚信。在社会道德方面,我们要依赖像教会这样的有千年传统的机构。我们倾听它们的道德指引,指望它们的教育和帮助功能,甚至——我冒险说——指望它们的支持。因为我们都相信人类、合作、宽容和和解。

亲爱的朋友们！

我们要的不是简单的政权更迭或位置的交换，而是真正的变化。制度的政治变化已经发生了。制度的深刻的经济变化也发生了。统计数据说经济大幅增长，但人们没有感觉到这一点。现在福利制度的改革时机已经到来，或者说——搞一个小小的文字游戏——制度的福利变化是需要的。十年的经济成就支持这一改革。这是匈牙利社会的共同的成就，因此在经历这么多年的艰辛之后，人们应该享受到更好的生活。这是他们应得的，这不是捐赠。我们会让他们得到的！

在过去的十年里，社会差距非常痛苦地、不可忍受地拉大了。许多家庭没有改变命运的机会。在贫穷的家庭里出生的孩子，依然贫穷；被无知和贫穷包围的人，无法改变自己的命运。家庭的问题会不断产生。因此需要福利制度的改变，因此需要新的哲学，需要创造机会的国家。危机的解决需要一个长远计划，这一计划要建立在详细的分析之上，执行过程既要坚定，又要有灵活性。

但我们不要忘记！没有文化，就没有公共利益。因此，在我们的计划的中心是教育和培训。从幼儿园开始——一直到成年人的再培训——应该重视机会的改善。需要高级别的、欧洲水准的教育体系。需要有受到全社会尊重的、享受优厚待遇的教师队伍和确保现代培训的社会条件。国家有义务通过寄宿学校、甚至是新型寄宿学校、奖学金等途径帮助那些有才能，但生活条件差的年轻人，国家要给中年人的重新安置、再培训提供财政支持。需要新的工作岗位和与之相协调的培训体系。

我们共同的责任是，通过公正地提高养老金，确保领取养老金者安度晚年。低收入的大家庭和单独抚养子女的父母需要帮助，才能过上有尊严的生活。对我来说，这就是欧洲主义。

我们要打破力量的神话！让我们大胆地说，世界不仅是30多岁（或者快40岁）的人的。各代人之间应该缔结同盟。建立在男人统治

女人的模式之上的社会不可能公正。因为假如妇女受不利地位的折磨,那就没有真正的家庭和健康的民族。她们的权利、薪水和生活条件与男人不同。我们的妻子、女儿、母亲和祖母渴望更多的假期和机会。让我们打开在她们面前关闭的大门吧!

匈牙利人的健康状况差,我们永远不能就此安心。这里又有两个任务:我们应该提倡实现健康的生活方式。同时,医院和诊所的现代化、财务条件的改善是关键问题。这需要资金和运作更好的、更现代化的制度。

假如有好的政治意愿,它不是分裂我们,而是把我们联系在一起,那么它将造福于我们的孩子的未来。需要有竞争力的、在每个人面前都开放的教育体系,以便让年轻人得到有用的知识,使他们在世界任何地方都可以有一席之地。这需要牺牲!要让他们的机会与性别、出身和出生地无关,让他们找到与其能力、意愿和兴趣相适应的工作,建立家庭,抚育孩子。

我们将成为言而有信的政府!我的纲领是在经济上有根据,但又建立在人们合理的需求之上的纲领。在一些领域,我们将把现在的执政党1998年作出的没有兑现的竞选承诺变为现实。我们将削减税负,加快医疗改革和高速公路建设。后者也许并不困难!但我们也不会忘记连接各地的公路的建设和开发。有一点是肯定的,道路将不会根据自治政府的政治色彩而拐弯。

我们的政府想在竞争、合作与人道之间寻找平衡。在经济上需要公平的、守规则的竞争,在社会关系上则需要合作、可靠、和平的关系。以成就为导向的经济的力量只有在有相应的福利制度和人道主义时,才能爆发出来。

亲爱的朋友们!

福利制度的改变意味着接受国家的经济是国民和集体经济的总和。需要有一个强大的中产阶级。我们希望,在社会和经济状况的基础上,也能把教师、匈牙利中小企业家和小片土地的经营者算进来。然而，福利不是应该去读、去听、去欣赏——它应该去感觉。我想生活在那样的国家，在那里强者和弱者都有自己的位置。在那里，富人可以变得更富有，但我们一起努力不让弱者掉队。

匈牙利的农村问题对我很重要，对我来说它是超出了理性的情感问题。最多的问题出在这里，失业、低得丢人的农业收入造成了无法解决的问题。在这里，许诺最多，但这里的现实最悲惨。我们要团结一切力量，阻止匈牙利农村和匈牙利农业的衰退，使农业实现现代化，为农产品找到市场。

我们相信共同的匈牙利之家，在那里每个人都得到像样的住房、体面的工作和安静的休息。在那里——正如上周六伊雷什所唱——房东不告诉我们，我们该如何生活，什么时候关灯，与谁交朋友，谁是我们的敌人。

把匈牙利作为唯一思考对象的政府，才可开始缔造民族团结。它不是寻找差异，而是寻找共同点。国家需要这样的政策，我们代表的就是这个政策。

缺少这样的思想深度，共同的欧洲之家对我们来说只能是一个无法实现的梦。而匈牙利民族 1000 年来都是这个欧洲之家的居民。我们的文化、历史、成就、诚实和知识把我们固定在了这里。

欧盟意味着这个共同的欧洲之家的新框架。我非常坚定地说，欧盟更富裕、更可靠的生活在等待着匈牙利和匈牙利人。

有一次，我的一位学者朋友说，政治讲的是权力。好吧！但权力——政府——讲的又是什么？政府应该讲的是人。否则，只能是恶劣的统治技巧。我认为，政府不是在统治，而是在服务。作为民族中间派政府，我们要从 2002 年起使社会的多数人成为新的成功者。

朋友们！

基本价值观和目标在缺乏支持者的情况下，在实践中只能实现非常少的一部分。为了实现我的纲领，我首先请求你们的帮助。

社会党今天依然是全国最大的政党。忠实的选民的支持对我们来

说今后依然是最重要的。感谢他们!

但每一位想要福利制度改变和未来的同胞都可以依靠我们。我期待每一位匈牙利选民的支持,因为与他们一起才能实现所有这一切。

我知道,在选举中每一张选票都是重要的。我依然认为,更重要的是,不要把人们看成选民,而是要看成独立的、有感情的、时而痛苦或者快乐的人。这个纲领是关于我们和我们的孩子们的,我承担实现它的重任。它也是关于我们的父母的。总之,很紧迫。

耶稣对彼得说:"你是岩石,我把我的教堂建在它之上。"喏,我不是岩石(连采石场也没有)。但与你们一道,我们将把福利和自由的匈牙利建设在信任的岩石之上。

附录二

迈杰希·彼得在国会
宣誓前发表的讲话

2002 年 5 月 24 日

尊敬的主席！尊敬的共和国总统！

同胞们！

在新的千年,我们首次选举了国会,这也是制度变化以来的第四次选举。在过去的 12 年,每一个决定性的政治力量都有机会执政——都可以证明自己。根据多数匈牙利选民的决定,社会党人和自由民主党人的联合政府成为第一个再次获得信任的联合政府。我感谢这个决定。

感谢你们的掌声,这个决定不仅是你们,而且也是多数选民作出的。我们接受我们的政治伙伴的说法,即制度的转变由此在选民的心中结束。现在人们已经不是为了不熟悉的政党而拒绝某一个熟悉的政党,他们根据自己的经验作出了明确选择,他们希望民族中间派政府为国家服务。

迄今的每一届政府都有其历史使命。第一届政府需要建立民主框架。第二届政府需要为经济打下坚实的基础。第三届政府需要加强我们的信念和身份意识。在这些任务中,前面的政府已经实现了许多,但仍有许多事情要做。

附录二 迈杰希·彼得在国会宣誓前发表的讲话

尊敬的代表们!

在介绍新政府的纲领之前,我希望我们暂停片刻,缅怀那些永远离开我们的前一届国会的代表:布佐·奥蒂洛、德盖伊·伊姆赖、久里曹·贝洛博士、伊什特万·约瑟夫、劳伊恰尼·彼得、劳布恰克·安德拉什博士、绍克豪迈尔·安道尔、万齐克·佐尔坦、齐劳希·约瑟夫。我向他们鞠躬。

尊敬的国会!

过去 12 年最真实的教益是,在制度的变化中自由、民主和福利一起受到重视。未来几年的主要任务是,将福利普及到一千万国民和所有的家庭。这是民族中间派政府真正的目标。政府独自不能创造福利。国家的命运首先在国民的手中。他们要用诚实的劳动创造新的价值,并把我们的先辈积累的所有财富——不仅仅是物质上的——传递给他们的孩子们。他们坚定的民主信仰将保护他们的自由。这些已经做好行动准备的、勇敢的、有智慧的、心地纯洁的人们将使匈牙利变强大。

尊敬的代表们!

我们要建设福利社会,还有漫长的路要走,但我们不会犹豫片刻。现在,为了每个人,我们开始工作。我们给那些有能力利用机会的人以机会,给那些能马上抓住机会的人以能力。我们给穷人提供帮助。这就需要我们增加可分配的财富,鼓励成功的和有才能的国人。政府的百日行动计划就是根据这一精神写成的。早在联合政府开始谈判时我就指出:我坚持政府第一个一百天的任务。这不是秘密。每个人都表示赞同。我们不能等待。我们要立即开始针对贫困的长期但并非没有希望的斗争。

百日纲领规定,在每年开学之前,我们将支付两个月的家庭补助。从今年 8 月份开始实施。我们也将在夏天一次性返还领取养老金者人均 1.9 万福林。

从 8 月份起,我们通过修改土地法,将恢复土地所有者的权利,并将国家土地基金的运作纳入社会的监督之下。从 9 月 1 日起,我们将把教师的工资提高 50%。也是从 9 月 1 日起,我们将把卫生系统工作人员和公务员的工资提高 50%,这比原计划提前一个月。

从 10 月 1 日起,我们将使最低工资免税。我们将修改劳动法,恢复每周两个休息日,其中一天是星期天。为了葡萄和葡萄酒生产者的利益,我们将在葡萄采摘之前修改专卖法,因为过多的条款将慢慢成为葡萄的敌人,如同霉菌一样。我们将关闭国家形象中心。节省下来的资金将用于儿童的免费就餐。

但别忘记:福利条件的创造,即福利制度的改变并非百日纲领的任务。我们所要做的,任何一代人都不能找到范例。在我们创造福利条件的同时,既要给经济增长以新的动力,又要保持经济平衡。这就是说,我们要花的钱,不能多于手头有的钱。这不是简单的任务,但可以实现。

民族中间派政府最重要的目标是,使匈牙利成为欧盟平等并受尊敬的成员。我们的主要目标是,建设一个欧洲的匈牙利,我们使政府这四年的战略服从于这个目标。

尊敬的代表们!

政府在为整个民族服务的情况下,才能把工作做好。我想指出:没有两个匈牙利。没有一个公民的匈牙利和一个社会党的匈牙利。只有一个国家,一个祖国,一千万重要的匈牙利人的祖国。作为总理——尽管我已讲过许多次,但请允许我重复一遍——我为了一千万匈牙利国民的利益而工作。作为总理,我对一千万匈牙利人负有责任。

好的政策服务于公共利益,是价值观的真正代表。认识我的人都知道:我谈论政治讲价值观原则。以其他的方式谈论政治,对我没有意义。我眼中的价值观是自由、人道和民主,是家庭和民族,是诚实、信仰、劳动和知识。因此,民族中间派政府是以价值观为原则的政府。构成政府的政治力量的价值体系建立在现代社会民主和自由原则的支柱之上。这些支柱是坚固的,互为补充。我知道,我可以大胆地依赖这

附录一 迈杰希·彼得在国会宣誓前发表的讲话

两者。

尊敬的国会！同胞们！

民族中间派政府将是继承与创新的政府。我们将保留成果,尊重已取得的权利。我们想依赖的将是,国家和各届政府迄今所确立的民主机制、私有财产、言论自由,我们也将依赖家庭补助、学生贷款或企业扶持的各种形式。我们将以所有这一切为基础继续发展,当然是在反对党的注视的目光之下。

我们将建设福利社会,这也需要我们做出改变。为了每一个人,我们现在要用行动支持我们的价值观。我强调:为了每一个人。也为了那些人,在他们的面前,正常人的生活机会看起来在消失。也为那些人,他们仅仅靠自己的力量不能缩小长期的落后或偏见和排斥所积攒起来的差距。

我相信,这不仅是多数人的责任,也是他们的利益所在。与排斥、仇恨的各种形式和迹象——不管其借口是民族、宗教、肤色还是政治观点——作斗争,是他们的利益所在和责任。

尊敬的国会！

民族的振兴需要强大而健康的经济。我们民族的强大将为每一位国民、每一个家庭和整个民族的利益服务。需要那样的经济政策,它使经济快速和可持续发展成为可能,它为企业实现其目标保障条件。它鼓励努力,承认成果。我们将实现对企业和投资友好的经济政策。这只能通过依赖可靠的国家、公款使用中的透明度、干净的竞争和法律安全才可以保障。

经济增长重新加速,到2006年将可达到6%。通货膨胀的压力减轻。我相信,我们找不到使我们的宏伟计划放慢实现脚步的理由。

我们要减轻企业的负担,使它们把更多的资金用于发展和创造新的工作岗位。这样在四年里,可以创造30万—40万个新的工作岗位。

我们要发展基础设施。过去几年,国家基础设施的发展落后于国家的发展。地方公路网在许多地方,主要是在欠发达地区的状况很差。

而我们知道：哪里有好的道路和发达的基础设施，资金才流向哪里。因此，我们将建设 800 公里新高速公路和快速公路。

我们要恢复跌入低谷的匈牙利农业。民族中间派政府将农业驶入新的平稳的发展轨道视为其主要的任务之一。我们依赖每一位农业劳动者和农民的合作，不管他们的经营方式如何。应该让农业劳动者、家庭农场和农业联合企业成为发展的受益者。

今年我们将提交新的农业法，作为其中的一部分，我们将实施新的干预制度。也是在年底前，我们启动农业税收处理计划，开始消除生产者的财务危机。无数同胞不得不当农民。为了改善他们的状况，我们将把农业劳动者免税收入的上限提高一倍。我们将使合作社股份的完全购买成为可能，不论股份的类型如何。

为了匈牙利农业生产者的利益，我们将立即与欧盟展开谈判，以改善他们入盟的财务条件。重要的是，我们最有价值的民族财富之一——我们的资源、匈牙利的土地将为我们所有人的成功服务。

我们将开始医疗卫生事业的现代化和改革。医院、诊所和其他的医疗机构的服务将会更好。请别忘记：我们的目标是更健康的社会。因此，我们将把精力不仅要放在治疗上，但尤其要放在疾病的预防上。

我们将降低大部分劳动者的个人所得税。对收入低于平均工资的人的减税将是巨大的。简化了的企业税从根本上将减轻小企业的负担——这涉及 70 万人。我们将废除股票收益税，因为活跃的股市是我们的利益所在。

女士们，先生们！

今天人们谈论最多的也许是犯罪和公共安全。只有平常的日子在安宁和安全中度过，自由的感觉才是完整的。同胞们有权利期待我们采取有力、坚定的行动，使人们毫无忧虑地让孩子们上街，使工作单位不要变成犯罪者的目标，使公共场所秩序井然。喏，因此我们要改善公共安全。我们也要加强警察的装备。我们期待犯罪的预防和惩治是有力的，有效的。我们期待，因为我们将付诸行动。但我们也期待，警察

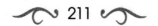

部门采取一切措施,提高自己的威望,保持自己的纯净性。我们要求他们正直、诚实地工作。

尊敬的国会!

我知道,有些同胞没有足够的机会,他们的社会背景、身体或心理困难,或正是由于年事已高阻止了他们不断地去适应这个不断变化的世界。他们与别人一样,也是我们这个社会的有价值的公民。我们对他们负有责任。出于人道、公正和诚实,与残疾人和智障者迄今得到的补助相比,我们欠他们的更多,因此我们提高对他们的补助。

我们为家庭和儿童提供补助,包括每一个家庭和儿童。我们为过去四年的失败者主持公正,为此我们将扩大家庭补助体系。那些没有支付那么多税的人,也将享受优惠。我们将用更大的家庭补助缓解抚养孩子的物质负担,因为对我们来说每一个孩子都是宝贵的,不管他出生在富有的还是贫穷的家庭里。我们对独自抚养孩子的父母和家庭予以特别关注,因为他们的数量在令人震惊地增长。

在未来四年,我们将建设 2.5 万套福利廉租房。我们的小户型住房建设计划将针对刚开始工作的年轻人,我们将提供房租优惠。我们将大幅度提高福利政策的支持力度,使人们有能力去贷款。

我们将减少欠养老金领取者的债务,因为我们都知道,是他们建设的这个国家。要感谢他们。我们有义务为年老的同胞保障更有尊严的生活,因为与我们现在为父母所提供的相比,我们也不应从我们的孩子得到更多。我们将逐步实施第 13 个月养老金,因为这是我们的承诺。孤寡者的养老金将提高 50%,我们将巩固养老金制度,使养老金的增长可以预期。我们将使进入私人养老保险基金的 200 万人重新获得对未来的安全感。

尊敬的代表们!

教育是成功的匈牙利、福利制度的改变以及未来的保障。匈牙利最大的财富不是别的,而是知识。我们要让每个孩子受教育成为可能,因为所有的孩子都是一样的宝贵,至少应该得到一样的机会。我们对教育质量和教育稳定实施监督,鼓励现代化,以便在世界民族之林保持住我们的竞争力,并以此迎接新的世界、信息社会的挑战。因此,我们将更加尊重教师,从9月份起他们将可以体验到这种尊重的第一个信号。

尊敬的国会!

我们应该有意识地不断弘扬我们的历史遗迹、民族遗产、公共生活和社会的传统以及民族文化。我知道,许多人担心,在外来文化的影响下,我们会失去自己的语言和文化。许多人担心,我们的传统会丢失。我理解他们的忧虑。我理解,也知道:匈牙利文化的接纳力使它变得更丰富。在全球化时代,加强并保护我们的文化是我们的民族义务,因为缺少强大的民族文化,在自由和独立方面成功的民族就不可能存在。

当匈牙利人真好。凝聚力和相互间的责任心在我们匈牙利人身上得到体现。正如爱情表白和悉心照顾一次又一次地加深夫妻间的感情一样,我们的祖国和我们自己也需要展示和表白:我们热爱我们的祖国。我们所有人都需要祖国,祖国也需要我们每个人。我们也需要境外的匈牙利族人。我将致力于使他们在自己的出生地得到我们在我们的国家得到的那些机会。

我们将使"匈牙利常设会议"制度化,因为当我们在谈论国内的事情时,不能不倾听埃尔代伊、北匈牙利(指今天斯洛伐克的匈族人聚居区,1920年之前曾是匈牙利的一部分。——译者注)、伏伊伏丁那(塞尔维亚北部自治省,在历史上匈牙利曾统治或管辖这一地区。——译者注)或外喀尔巴阡(乌克兰最西部的一个州,历史上曾是匈牙利王国的一部分。——译者注)的匈牙利族人的声音,也要倾听生活在世界上其他国家的匈牙利族人的声音。我承诺,我们将一直听取他们的意见。我们将支持一切服务于改善他们命运、保护他们匈牙利人特性的努力。

尊敬的国会!

我国制度变化的成果是民主、建立于人的成就之上的增长和对公

正社会的信念。民族中间派政府是民主政府,因此也需要国会的监督作用。我们赞同国会每周都举行会议。

我们将加强自治政府;决定的产生要具备了解和实现能力。我们想要一个那样的国家,它不是只有一个中心,而是地方的事务由地方决定,地方的事务由当地人处理。我们想要强有力的、有行动能力的、负责任的政府和自治政府。我们将为之创造物质条件,不管自治政府或市长归属哪个政党。我们将取消多余的规章制度。

尊敬的国会!

国家和政府掌握着权力。然而这个权力受法律的约束。民族中间派政府感到,应该做遵守法律和基本道德标准的典范。

因此,政府将遵守并使人们遵守法律,恢复对说真话的尊重。我在国内走了许多地方,得到了许多鼓励和建议。人们明确表示,只有在看到没有人为了自己的利益滥用权力时,我们才能依赖和信任他们。我们将采取相应的行动:不会容忍任何形式的浪费公款和腐败。在民主体制下,国家的钱就是国民的钱,而任何一个公共机构也不能伤害他们。必须用法律手段查处贪污公款的案件。对于腐败,我们不能忍耐,我可以承诺:我们对自己的人会比对别人更加严厉。

我们将恢复对法律的尊重和公共生活的纯洁。我们将向国会提交一揽子反腐败法律。我们将严格公共采购程序。我们将使公共机构的运作透明。

尊敬的国会!

我们将推动自行组合的社会的建设,这个社会有能力控制自己的命运,其基础是社会对话,利益协调。我们将在雇员、雇主和政府之间恢复真正的利益协调。我们将与社会组织、工人代表、工会组织建立伙伴关系。我们的政府将是对话与合作的政府。

我们也将寻求与反对党合作。我们期待的是建设性的反对党;我们所依赖的是论点和责任感,而非情绪。喏,当然还有争论——假如我们偶尔失败的话,世界是不会坍塌的。不是我们,是国家需要不断地取得成功。

尊敬的国会！

人是非常复杂的有机体，我的情感、价值观、信念和信仰使我们脱离物质的世界，我们人的本质的最内部的秘密就隐藏在这里。这些是需要珍视的财富。民族中间派政府是允许选择信仰、信仰生活自由的政府。我承认，信仰是我们最神圣的私人事务，它要求最大限度的敬意。我坚信，政教分离属于民主的基本原则。教会和国家机构的自主运作是每一位国民的利益所在。这不是世界观的问题，而是宪法义务。

我高度评价教会发挥的社会作用。我的政府将为教会保障一切可能，使它们在尽可能好的环境中完成它们的任务，希望这是信仰生活、教育或治疗—关怀的工作。

同胞们！

公正的匈牙利——只有知识的获取、成功的机会向每一位公民敞开，我们才可以这么说。我们向每个人提供机会，向每个人要求责任；平等权利对每个人也意味着义务。

尊敬的代表们！

匈牙利民族是自豪、坚强的民族，有能力干大事，为了成功会不屈不挠地奋斗。我们的伟人们把自己的名字写进了世界文化和科学的史册——这并非短短的一个篇章。在未来的几年里，我们怀着共同的意愿可以去完成大的事业。我们此前的愿望可以变为现实，我们将可以成为那个共同体的成员，我们在心理上一直是它的成员：欧盟的成员国地位近在咫尺。我们加入欧盟并非目的，而是手段；是建设富有的、成功的、开放的匈牙利的手段。

坚定地代表民族利益是任何时候的匈牙利政府的责任。在加入欧盟的所有重要问题上，我自己也将代表民族利益，正如在我们从民族利益出发，在北约——作为可信赖的伙伴，在真正的利益共同体的基础上——与我们的盟友一起合作那样。让邻国尽快加入国际一体化进程也是我们的民族利益。在与邻国的关系中，我们将致力于好的关系、对

附录一 迈杰希·彼得在国会宣誓前发表的讲话

话和合作。将最好地服务于境外匈牙利族人的利益。

匈牙利已决定,让民族中间派的民主联合政府获得多数议席。政府星期一将开始工作。我的目标是,让我们可以在和平、安宁、快乐的国家里生活。请相信,安宁不取决于我。

我的坚定意愿是,在民族的关键问题上,我们将与每个人、每个负责任的政治力量一起找到共同点。这样的关键问题有我们这个社会的健康状况、知识、学习的绝对优先、匈牙利的土地、我们的水域和森林保护、我们的自然财富的保护、我们的民族文化的弘扬、贫困的逐渐消除。

我们知道我们要干什么:为了每个人,现在行动!对境内外的匈牙利族人来说,我们建设自由、富有、和平的生活的机会不会再来了。我以政府的名义承诺,我们将把握好这个机会。

谢谢各位。

附录三

迈杰希·彼得在雅典入盟
条约签字仪式上的讲话

2003 年 4 月 16 日

女士们，先生们！尊敬的欧洲人！

亲爱的全世界的匈牙利朋友！

我们为庆祝民主、团结互助、自由的欧盟而聚集在了一起。现在，命运、欧盟和我们匈牙利人偿清了我们的旧债。

现在，分成两半的欧洲的漫长、不公正和悲伤的世纪结束了。我从今天开始计算 21 世纪。欧洲的和平的重新统一从柏林墙的倒塌开始。而启动柏林墙倒塌的事件是，我们在奥地利和匈牙利边界剪断了铁幕，德国的旅游者终于可以与被人为地分离开的兄弟姐妹见面。重新统一在这里，在雅典，在民主的诞生地以隆重的仪式结束。

我感谢我们的历史和我们的私人生活中的有名和无名的英雄们。我向圣·伊什特万、拉科齐·费伦茨、1848 年革命的精神和 1956 年的英雄们鞠躬。我感谢使制度和平转变成为可能的 1989—1990 年民族圆桌会议的成员的工作。但首先我要感谢匈牙利共和国的所有国民，他们和自己的家人一起在过去的这些年里作出了许多牺牲。今天这个历史性的日子的到来归功于他们。这个日子是我们匈牙利人的，是欧洲人的——是我们所有人的。我向他们传达民族的感激之情。

附录三 迈杰希·彼得在雅典入盟条约签字仪式上的讲话

我能想象得出,在多少匈牙利人的家庭里人们在想:"要是我的父亲或母亲能看到这一天该多好啊⋯⋯"现在,我们纪念他们,纪念那些不能看到他们的梦想、我们共同的梦想实现的人们。

我们感谢各成员国政府的高尚的义务感,这使欧洲的重新统一成为可能。

一位匈牙利诗人写道:"自由的人民干出神奇的事。"自由的匈牙利人在 13 年前真的为自己确定了神奇的目标。而且他们实现了:他们返回到了 1000 年来一直归属的地方。

我们匈牙利人很少成为命运的宠儿。许多时候,不公正是我们的一部分。而统一的欧洲的勇敢、智慧的思想对我们最痛的伤口可意味着一剂良药。在历史上我们的国家被肢解,现在匈牙利人可以抓住机遇,实现超越国境的民族重新团结。

今天已经看得出,欧盟——包括 1000 多万匈牙利人——将成为世界上最重要的地区之一。这需要对话、共识和建立在相互尊重基础之上的政策。缺少了中欧和匈牙利,这是行不通的。我们的才能、我们的胆量和在历史的暴风雨中获得的锻炼将给雄心勃勃的欧洲的未来提供新的动力。

我们匈牙利不是空着手返回欧洲的。世界和欧洲的成就史:艺术、科学、甚至体育的历史,缺少了匈牙利人的名字是无法书写的。欧洲了解和承认匈牙利的过去。

今天在这里,我们把在许多个世纪里积累的财富正式提议为伟大的欧洲遗产。为了认识它们,我们邀请每一位欧洲朋友访问新的、现代的、欧洲的匈牙利。希望你们有回家的感觉。

附录四

迈杰希·彼得在匈牙利加入
欧盟的瞬间发表的讲话

地点:游行广场的计时器旁
2004 年 5 月 1 日

欧洲的匈牙利人! 境内外的匈牙利人!

亲爱的朋友们!

我们是这个美好瞬间的见证者:匈牙利终于回归欧洲,回归那些 1000 年来一直承认的价值观。

这是美好的瞬间,感人的时刻。让我们自己快乐几分钟、几小时吧! 我希望我们快乐几个月,甚至几年。让我们庆祝吧! 我们要认识到,这是匈牙利应该得到的。1000 万匈牙利人为之工作过。

感谢。感谢匈牙利,感谢匈牙利人。

匈牙利人! 亲爱的匈牙利的兄弟姐妹们! 朋友们!

我们不要从欧盟等待奇迹! 我们不要等待欧盟发生奇迹! 奇迹就在我们身上。奇迹就在你们的身上。你们的心灵就是奇迹。你们的心就是奇迹。你们的力量就是奇迹。你们的头脑就是奇迹。这就是匈牙利的奇迹。你们的确为之奋斗过,清楚地知道欧盟将是极好的机遇,极好的机会。不多,不少。极好的机遇,极好的机会。匈牙利人的能力,匈牙利人可以抓住这个机遇创造奇迹。

这是我们的期待。这是我们的愿望。我们将利用这个机遇。亲爱

的生活在境外的朋友们,今天你们不能亲临这个美好节日的现场。请允许我说:我们等待你们,我们将做出一切努力,使你们可以尽快成为我们中的一员。

最后,我要说感谢的话。我特别想紧紧握住1000万匈牙利人的手说感谢。我要感谢农场主,感谢企业家,感谢匈牙利精神生活的杰出人物,感谢工人,感谢公务员,感谢每一个支持我们并与我们一起庆祝的人。

请允许我说:我知道,我既要感谢朋友们,也要感谢对手们。感谢那些也许与我的感觉不一样的人,但他们是这个美好瞬间的见证人,因为这是他们想要的,也是我们所有人想要的。

让我们一起高兴吧!一起庆祝吧!愿匈牙利有一个成功的世纪。现在,一个新的纪元开始了。让我们高兴吧!庆祝吧!然后让我们证实自己!

附录五

迈杰希·彼得在新闻发布会上宣布辞职

2004 年 8 月 25 日

女士们,先生们!

我知道,在我作出今天这个决定之前,有许多种期待。一些人在想:总理将如同往常一样,现在会屈服并接受屈辱的条件。

我从普通人那里得到了非常多的短信、电子邮件、传真、信件和电话,他们说:总理要给总理府以威信和尊严,要给政府以威信和尊严。

在这样的情况下该做出何种决定,我思考了很久。做出这个决定不容易。我最后决定,不求助于政治家,而是求助于人们。我决定,不屈服于压力。我决定:在这个国家不能由搞政变者发号施令,不能让公共利益从属于个人的生存。我不能允许,让有左派感情的人们、让匈牙利社会党诚实、正直的支持者们赞同令人无法接受的政治态度。应该保持左翼政府的尊严。我认为,这也是这个国家的利益所在。这是这届政府的利益所在,也是所有接下来的政府的利益所在。不能把总理和政府的威信看作儿戏。我坚信这一点,因为假如总理的地位本身就在以这样的方式飘摇不定,那么就不能期待一个政府或总理用威信和责任来治理国家。

与宪法条款和规定相适应,几分钟前我通过共和国总统向国会主

席递交了辞呈,从明天起生效。

与不信任动议相反,总理通过辞职一个人完全承担了失去联合执政伙伴信任的后果。这样就可以避免过去两年的成果遭到质疑。全国人民的劳动为这些成果的取得打下了基础。

我不想通过提前宣布辞职而影响总理候选人的竞争。因此,我等待社会党代表大会开始选举的这个时刻的到来。我想达到一个目的,而且也达到了,这就是社会党不要拖延候选人的提名。因此,我隐瞒了自己的意图。我做的对与不对,人们以后会做出评判。我应该这么做。我坚信,新总理将有时间思考与谁、用什么样的纲领、以何种方式执政。这样,稳定、可靠、有文化的过渡将能得到保障。政府的名声保住了,部长们可以挺起胸膛离开,不会为他们所做的事情而感到惭愧。不管今天谁获胜——我想现在重申,在我们还不知道选举结果的这个时刻——我可以保证,为了继续执政成功,我将与他合作。

大家知道,今天早晨我拜访了共和国总统先生,目的是与他商谈并审视可能会出现的各种后果。这次商谈使我确信,总统先生是得体的、快速的、符合宪法的解决办法的支持者,他了解并承担责任。我深信共和国总统的机构和共和国总统本人,于是做出了这个决定。

我想,在这一精神下这个解决办法与不信任动议相比,不需要更多的时间,不信任动议可能还会导致一个情况出现,假如执政党的几名代表不投票,那么一个真正的尴尬局面就可能出现。

最后,作为结束,我想感谢我的选民们,正是由于他们的信任,我才可以当上总理。我想感谢我的同情者,他们不一定投了我的票,但他们希望我们的国家走向成功。我想感谢那些默默无闻的多数人,他们——我想——今天也站在那些坚定的支持者身边。他们认为,在一个非常重要和非常受尊敬的职位那里,诚实的意愿更重要。

附录六

迈杰希・彼得博士个人资料

出生地点和时间：布达佩斯，1942 年 10 月 19 日

家庭：埃尔代伊的律师（父亲家族）、医生和加尔文教牧师（母亲家族）的后代

家庭状况：已婚

妻子：乔普拉尔・考陶琳

子女（第一次婚姻）：盖尔盖伊和伊尔迪科

语言知识：法语、英语、罗马尼亚语（谈判水平）、俄语（理解水平）

学业：

1961—1966 年　布达佩斯经济大学理论政治经济学专业

职业生涯：

1966—1982 年　在财政部不同的职位工作

1982—1986 年　财政部副部长

1987 年　财政部长

1988—1990 年　负责经济事务的副总理

1990—1994 年　法国巴黎银行匈牙利分行董事长兼总经理

1994—1996 年　匈牙利投资与开发银行董事长兼总经理

1996—1998 年　任社会党和自民盟联合政府财政部长

1998—2001 年　英特尔欧洲银行董事长,阿特拉斯保险公司副董事长

2002—2004 年　匈牙利共和国总理,领导社会党和自民盟联合政府

2004 年 8 月 25 日　为了保住联合政府宣布辞职

2004 年 10 月 14 日起　在政府的请求下担任特命全权巡回大使

其他的专业和公共生活职务：

1973—1977 年　国际国家金融研究所董事会成员

1994—1996 年　匈牙利经济协会主席

1994—1996 年　达沃斯世界经济论坛顾问团成员

1995—1996 年　匈牙利银行联盟主席团成员

1998—2000 年　匈牙利大西洋委员会成员

1998 年起　中欧和海湾国家贸易、工业和文化会所副主席

专业成就：

1986 年　参与匈牙利两级银行体系的建立工作

1987 年　作为财政部长向国会提交匈牙利新税收制度法案,这是市场经济的一个条件

1988—1989 年　启动经济自由化,起草公司法

1997 年　实现养老金改革

1970 年起　经常在匈牙利、国际金融和经济专业刊物发表文章

教育工作：

1973—1996 年　财务和会计学院教授

荣誉：

1998 年　匈牙利共和国勋章加星中十字

2000 年　法国荣誉军团勋章骑士勋位

2002 年　比利时王冠大十字勋章

2002 年　日本旭日勋章

2003 年　智利大十字勋章

2003 年　挪威王国大十字勋章

2004 年　法国荣誉军团勋章大军官勋位

2004 年　德意志联邦共和国大十字勋章

附录六　迈杰希·彼得博士个人资料

图书在版编目(CIP)数据

走在仕途上的公民——匈牙利前总理迈杰希·彼得自述/〔匈〕迈杰
　希·彼得著;杨永前译. −北京:人民出版社,2009.5
　ISBN 978-7-01-007857-1

　Ⅰ.走…　Ⅱ.①彼…②杨…　Ⅲ.迈杰希·彼得,M −自传
　Ⅳ.K835.157

中国版本图书馆 CIP 数据核字(2009)第 058697 号

本书中文版由 Medgyessy Péter 授权人民出版社独家出版
著作权合同登记号　图字:01 − 2009 − 2219

走在仕途上的公民——匈牙利前总理迈杰希·彼得自述
ZOU ZAI SHITU SHANG DE GONGMIN

〔匈〕迈杰希·彼得　著　杨永前　译

策　　划：张小平
责任编辑：杨松岩　张双子
版式设计：东昌文化
出版发行：人民出版社
地　　址：北京朝阳门内大街 166 号
邮　　编：100706
邮购电话：(010)65181955
印　　刷：北京新华印刷厂印刷
经　　销：新华书店
版　　次：2009 年 5 月第 1 版
　　　　　2009 年 5 月北京第 1 次印刷
开　　本：700 毫米×1000 毫米　1/16
印　　张：15
插　　页：12
字　　数：200 千字
书　　号：ISBN 978-7-01-007857-1
定　　价：28.00 元